Gelesen 20

Jaques Buval

Der Rucksackmörder

JAQUES BUVAL

DER RUCKSACKMÖRDER

Einer der größten Kriminalfälle
in der Geschichte

Der Autor
Jaques Buval, 1942 in München geboren, arbeitete lange Jahre als Autor für das Fernsehen. 1996 erhielt er den Autoren-Fernsehpreis. Seit zehn Jahren verfasst er Bücher über die Serienkiller unserer Zeit. Sein Erstlingswerk »Nur für Schokolade« handelt vom größten Massenmörder Polens.

Bildnachweis
Sewell-Fairfax Photo Library: 62; Mirror Australian Telegraph Publications: 76, 122; AP-Rick Rycroft: 108; Rex Features: 82, 134

Titelfoto: Image Bank Bildagentur GmbH, München: P. Turner; Einklinker: gettyone Stone, München: K. Horan

Weltbild Buchverlag, Augsburg

Redaktion: Dr. Thomas Rosky
Umschlaggestaltung: Peter Gross, München
Innenlayout/Satz: Reproduktion: Uhl + Massopust, Aalen
Druck und Bindung: Wiener Verlag, Himberg bei Wien

Gedruckt auf chlorfrei gebleichtem Papier

Printed in Austria

ISBN 3-89604-519-9

Mein besonderer Dank gilt

HERBERT SCHMIDL

den leitenden Ermittlern der Task Force:

STEVE LEACH

und

R. G. GODDEN

RITA O'MALLEY

HELMUT SEGL

SIEGFRIED BLASCHKE

INHALT

Simone Schmidl – Eine junge Frau und der Traum von Australien

Als sie vermisst war,
war es das Schlimmste, nichts zu wissen.
Als man sie fand,
wünschte ich mir, es nicht zu wissen.
Der Horror der Realität war eingetreten.

PATRICIA EVERIST
Mutter von Deborah Phyllis Everist,
19 Jahre alt
vermisst seit: 30. 12. 1989
gefunden am: 05. 10. 1993

Vorwort

Wer kann verstehen oder die Grausamkeit eines Schicksals nachvollziehen, das einem Vater, einer Mutter widerfährt, wenn das einzige Kind auf die brutalste Weise getötet wurde. Getötet von einem Menschen, den ich aus tiefstem Herzen hasse.
Ich habe meine Tochter durch einen Mörder verloren, doch in meinem Herzen, in meiner Seele ist sie immer bei mir. Jeden Tag, jede Nacht. Will ich heute Bilanz ziehen, nach all den schrecklichen Jahren – es gibt keinen Trost. In der Erinnerung wird Sie weiterleben – bei allen, die sie kannten. Sie ist nicht mehr da, aber sie lebt weiter in unseren Herzen.
Beim Abschied von meiner geliebten Tochter Simone, am 28. September 1990 am Regensburger Hauptbahnhof, fühlte ich, dass ich sie nie mehr wieder sehen werde. Ich hatte schreckliche Angst, sie zu verlieren, noch heute weiß ich nicht warum. Ich wischte die Tränen des Abschieds aus ihren Augen und hoffte, sie nach ihren Ferien wieder gesund in meine Arme schließen zu können.
Ihre Liebe zu mir, ihre Wärme und ihre unbefangene Herzlichkeit kann ich nie mehr spüren, doch ich fühle, dass sie bei mir ist.

Der Autor dieses Buches, Jaques Buval, schrieb Simones furchtbares Schicksal nieder, doch auch das Leben des Menschen, der mir alles nahm. Es ist ein Buch des Schreckens – und doch eine Biographie der Wirklichkeit.
Der »Rucksackmörder«, wie er in Australien genannt wurde, ist ein Mehrfachtäter gewesen und stand in der Öffentlichkeit. Doch wie viele Kinder werden getötet, von denen man nur beiläufig in der Presse erfährt.
In all den Jahren meiner unsäglichen Trauer und Verzweiflung habe ich allen Medienrummel gemieden, weil ich glaubte, damit alleine fertig werden zu müssen.

Heute weiß ich, das war der größte Fehler meines Lebens, und ich bin froh, dass dieses Buch die Möglichkeit gibt, aufzuklären, was es aufzuklären gilt.
Es gibt nicht nur die spektakulären Mordfälle, über die wochenlang in den Medien berichtet wird. Es gibt auch die Einzeltäter, deren Tat jedoch für die Angehörigen der Opfer das Ende jeglicher Normalität bedeutet. Viele Kinder werden heute getötet ohne die Kenntnis der Presse. Genauso vielen Angehörigen ergeht es, wie es mir ergangen ist, und niemand erfährt davon.

In all den Jahren der Trauer und Hilflosigkeit ist mir viel Schmerz zugefügt worden. Von diesem ist es mir ein Bedürfnis, heute mitzuteilen. Mein Anliegen ist, deutlich zu machen, was in einem so zivilisierten Lande wie dem unseren nicht geschehen dürfte und doch geschah.

Unser Kind war seit Wochen vermisst in einem fernen Kontinent, dessen Sprache wir nicht sprechen.
Wir wandten uns in unserer Trauer, Verzweiflung, ja Wut und unglaublicher Angst an die örtliche Polizei, um eine Vermisstenanzeige aufzugeben. Längst war durch die deutschen Medien berichtet worden, dass unsere Tochter in Australien vermisst sei und man annehme, dass sie einer Gewalttat zum Opfer gefallen sein könnte. Schweren Herzens gab ich alle Personalien meiner Tochter für diese Anzeige zu Protokoll. Doch ich wurde aufgeklärt: »In Deutschland verschwinden jedes Jahr X jugendliche Ausreißer oder andere Personen und tauchen dann nach einiger Zeit wieder auf. So könnte es doch auch bei ihrer Tochter Simone sein.«
Wir schrien förmlich nach jeder Hilfe, angefangen von Briefen an das Landeskriminalamt bis zum Bundeskriminalamt, mit der Bitte, uns über den Ermittlungsstand der australischen Behörden zu informieren. Selbst an den Bundespräsidenten haben wir geschrieben und darum gebeten, uns zu helfen.

Unterstützung bekamen wir von keiner Seite. Vielmehr kam es so weit, dass uns verboten wurde, in den örtlichen Polizeistationen nachzufragen, ob die Ermittlungen in Australien etwas Neues ergeben hätten.

Niemand kann ermessen, wie ohnmächtig man sich in dieser Situation fühlt und wie erschütternd die Reaktion der deutschen Behörden ist.

Alles gipfelte in der Tatsache, dass ich nach zwei langen Jahren und zehn Monaten aus dem Radio erfahren musste, dass meine Tochter Simone tot aufgefunden worden war. Es war nicht die Polizei, die mir diese Nachricht überbrachte, sondern der Privatsender dieser Stadt im Radio, den ich gerade während meiner Tätigkeit als Busfahrer eingeschaltet hatte.

Am 28.12.1993 wurde meine Tochter zu Grabe getragen, überführt aus Australien. Am 15.1.1994 wurde mir von der Regensburger Polizei offiziell mitgeteilt, es stehe nun fest, dass es sich bei der Leiche, die man am 2.10.1992 im Belanglo Forest in Australien fand, um meine Tochter Simone handele.

Einziger Kommentar des Beamten der Kriminalpolizei auf meinen Anruf, dass meine Tochter längst in Regensburg beerdigt worden war: »Das tut mir aber Leid, aber der Sachbearbeiter war in Urlaub.«

Mit solchem Eifer war die Polizei bei der Sache.

Ich wurde von dem Autor dieses Buches gefragt, welche Strafe ich mir für den Mörder meiner Tochter wünsche oder welche Strafe meiner Meinung nach für ihn angemessen wäre. Auch diese Frage möchte ich beantworten, obwohl ich weiß, dass es viele Menschen gibt, die meine Forderung nicht teilen können. Ich hätte mir einzig und allein die Todesstrafe gewünscht.

Vollstreckt nicht zehn Jahren nach dem Urteil, sondern sofort nach seiner Verurteilung. Er sollte nicht noch so viele Jahre voll Angst leiden müssen, ich bin kein Sadist wie er. Es sollte kurz und schmerzlos geschehen, ohne Todeskampf. Ich saß ihm in der Verhandlung gegenüber, er verhöhnte mich. Er verhöhnte einen Vater, dem er das Liebste nahm – die Tochter.

Heute, Jahre nachdem der »Fall Simone Schmidl« längst abgeschlossen und zu den Akten gelegt ist, werde ich immer noch gefragt, was ich damals empfunden habe und wie man mit so einem Schicksal fertig wird.
Man wird niemals damit fertig werden. Der Schmerz wird im Laufe der Zeit zwar leichter, aber fertig wird man damit erst, wenn man selbst die Augen für immer schließt.

Wenn ich heute über all die Jahre des Leides nachdenke, wünsche ich mir eines – dass es keinem Menschen so ergeht wie mir.
Doch will ich jenen, denen ein ähnliches Schicksal widerfahren sollte, einen Rat geben, der eigentlich der Grund meines Vorwortes ist:
Gehen Sie auf die Presse zu, nehmen Sie das Interesse der Medien wahr. Von ihnen, und das ist ja das größte Hilfsmittel der Trauer, erfahren Sie, was man wissen will: Wie weit sind die Ermittlungen? Hat man meine Tochter oder meinen Sohn schon gefunden? Durch das Interesse werden die Behörden aus ihren Sesseln gescheucht, und der Vater eines Mordopfers erfährt nicht erst aus dem Radio, was seiner Tochter zugestoßen ist.

Herbert Schmidl
Vater von Simone Schmidl
Regensburg

Vier abgetrennte Finger auf der Fensterbank

Das spärliche Licht der Mondnacht gibt nur ein wenig den Blick frei auf ein älteres Holzhaus abseits der lärmenden Hauptstraßen. Es liegt nur wenige Kilometer von Sydney entfernt, inmitten einer Oase der Ruhe. Hier, im idyllischen Moorebank, hat sich ein Einwanderer mit seiner Familie niedergelassen. Eine Familie, die noch in die Geschichte dieses Kontinents eingehen wird.

Stijphan Milat, am 26.12.1902 in Jugoslawien geboren, war mit 21 Geschwistern aufgewachsen. Die Armut war groß; der Erste Weltkrieg hatte Elend und Hunger ins Land gebracht. Die Felder lagen brach und brachten längst nicht den Ertrag, den eine solche Großfamilie zum Überleben benötigte. Acht Jahre nach dem Ende des schrecklichen Krieges, der viele jugendliche Träume zerstört hatte, wanderte Stijphan, der nach dem Krieg den Beruf des Steinmetzes erlernt hatte, mit einer seiner Schwestern nach Australien aus.

1934 lernte er in Australien die erst 14-jährige Margaret – seine Frau – kennen, die er am 11.11.1936 heiratete. Margarets Eltern waren vor vielen Jahren aus England eingewandert. Sie waren nicht gerade glücklich über diese Verbindung. Aber die Liebe, die Margaret ihrem Mann entgegenbrachte, ließ sie vieles vergessen.

Margaret ist erst 24 Jahre alt, als sie am 27.12.1944 ihrem fünften Kind auf der Entbindungsstation des Krankenhauses das Leben schenkt. Es ist ein Junge mit stahlblauen Augen und schwarzen Haaren, dem sie liebevoll den Namen Ivan gibt. Diesmal ist sie sich fast sicher, dass es ihr letztes Kind sein wird, das sie zur Welt gebracht hat.

Doch Ivan bekommt noch neun weitere Geschwister. Margaret liebt ihre Kinder, und sie zieht viel Kraft aus der Gewissheit, dass ihr Mann ein fleißiger und zuverlässiger Familienvater ist. Gut, manchmal ist er vielleicht ein wenig zu streng zu den Kindern. Doch er sorgt für seine Familie, dessen konnte sie sich sicher sein.

An diesem Abend ist Margaret Milat mit ihren Kindern allein zu Hause, allein in dieser gottverlassenen Gegend. Ihr Mann ist bei der Arbeit, wie fast jeden Tag. Er arbeitet meist auch am Wochenende, anders könnte er seine 15-köpfige Familie nicht ernähren.

Es regnet seit Stunden. Im Takt eines Trommelwirbels peitscht der Wind die großen Tropfen an die Fenster. Es ist bereits dunkel geworden. Da bemerkt Margaret, wie ein Unbekannter durch den Garten schleicht und sich dem Hause nähert. Außer sich vor Angst, beobachtet sie aus dem unbeleuchteten Zimmer im Erdgeschoss, wie der Fremde das Fenster erreicht. Sie kann nur zwei Hände erkennen, die mit einem großen Schraubenzieher versuchen, gewaltsam das Fenster zu öffnen. Das Werkzeug dringt immer tiefer in den Fensterrahmen ein. Das Schloss scheint bereits nachzugeben. Geistesgegenwärtig rennt sie zu ihrer kleinen Abstellkammer, die sich im selben Stockwerk befindet. Sie will das Leben ihrer Kinder verteidigen. Koste es, was es wolle. Im Dunkeln öffnet sie die knarrende Tür und tastet mit beiden Händen nach einer schweren Axt, die ihr Mann immer zum Baumfällen benutzt. Allen Mut zusammennehmend geht sie ganz langsam zurück in das dunkle Zimmer. Sie geht zum Fenster, das sich Zentimeter für Zentimeter öffnet.

Ihre Stimme überschlägt sich und sie schreit: »Geh weg, sonst schlage ich zu.«

Noch immer kann sie kein Gesicht erkennen. Nur die Hände. Es scheint ihr, der Einbrecher will sich gerade am Fenster hochziehen.

Da ruft sie nochmal: »Lass los, sonst schlage ich zu!«

Sie wartet nicht mehr auf eine Antwort. Blind vor Angst nimmt

sie das Beil in beide Hände, holt aus und schlägt mit dem schweren Beil auf den unteren Fensterrahmen. Geradewegs auf die Hand, die nicht weichen will. Die Fensterscheibe zerspringt in tausend Scherben, und der Rahmen bricht krachend auseinander. Dann ist es ruhig. Sie kann nicht erkennen, was vor dem Fenster geschieht, zu sehr peitscht der Regen in das Zimmer. Einige Schritte tritt sie vom Fenster zurück in den Raum, und plötzlich hallen Schmerzensschreie durch die Nacht. Schemenhaft verliert sich eine flüchtende Gestalt in der Dunkelheit. Erregt, außer sich vor Angst ist diese kleine Frau, als die schwere Axt ihr aus den Händen gleitet. Nicht nur um ihr eigenes Leben bangend, viel mehr um das ihrer minderjährigen Kinder, sieht sie dem Fliehenden nach. Ihre Augen sind wie gebannt in die Dunkelheit gerichtet, und sie nimmt nicht wahr, was auf der Fensterbank zurückbleibt.
Sie überlegt, wie sie das zerborstene Fenster ersetzen oder abdichten kann. Noch einmal nimmt sie allen Mut zusammen und geht zum Fenster. Erschrocken muss sie erkennen, was dieser eine Schlag ihrer Axt hinterlassen hat. Überall Blut, das der Regen auf dem Sims verteilt. Und dann sieht sie den Rest einer menschlichen Hand.
Längst sind die Kinder durch den Lärm erwacht. Ihre Namen rufend eilt sie zu deren Betten. Sie nimmt die Kleinste auf den Arm und rennt ziellos durch das Haus. Sie versucht, der Situation Herr zu werden, doch so sehr sie sich auch bemüht, Ruhe zu bewahren – es gelingt ihr nicht. Die anderen Kinder rennen ihrer Mutter nach. Sie suchen nach Schutz und Trost. Längst verspüren sie die unsägliche Angst der Mutter und beginnen laut zu weinen.
Ein Telefon, diesen Luxus können sich die Milats nicht leisten, und in der Dunkelheit aus dem Hause zu gehen, dazu fehlt ihr der Mut. So muss sie über zwei Stunden auf die Rückkehr ihres Mannes Stijphan warten, der wie jeden Tag bis elf Uhr nachts für seine Familie als Hafenarbeiter Schwerstarbeit leistet.

Schier endlose Stunden des Wartens liegen vor ihr. Die Kinder quengeln und weichen keinen Schritt von ihr.
Gegen Mitternacht kommt ihr Mann Stijphan von der Arbeit nach Hause. Mit weit ausholenden Schritten kommt er die kleine Straße herauf. Verwundert stellt er fest, dass noch Licht brennt. Sonst liegt das kleine Haus längst im Dunkeln um diese Zeit, denn Margaret geht fast täglich gleichzeitig mit den Kindern zu Bett. Ein ungutes Gefühl überkommt ihn, zu viele Zimmer sind hell erleuchtet. Hastig eilt er durch den Garten zur Eingangstür, und noch bevor er den Schlüssel in das Schloss stecken kann, wird die Türe von innen aufgerissen.
Vor ihm steht seine verstörte Frau inmitten einer Horde erschreckt dreinblickender Kinder. Sie schreit ihn an: »Stijphan, Hilfe, Hilfe, ein Einbrecher war hier.«
Er versucht, seine Frau zu beruhigen, doch es gelingt ihm nicht. Wortlos nimmt sie ihn an der Hand und führt ihn zu dem Fenster, und im Schein der Zimmerbeleuchtung erkennt er den Rest einer menschlichen Hand auf dem Fenstersims. Wie versteinert bleibt er stehen. Immer wieder versucht er, von seiner Frau eine Erklärung zu erhalten, doch die ist nicht mehr imstande zu sprechen, das Geschehene vernünftig zu erklären.
»Einbrecher, Einbrecher« sind die einzigen Worte, die sie ihrem Mann zu sagen vermag.
Stijphan glaubt nicht, allein mit der Situation fertig zu werden, und entschließt sich dazu, Hilfe zu holen. Schnellen Schrittes eilt er durch den Garten.
Mit seiner schweren Hand pocht er an die Eingangstür des Nachbarhauses. Es dauert einige Zeit, bis die Außenbeleuchtung des Hauses angeht und ein verschlafener, missgelaunter Mann die Tür öffnet. Als er seinen aufgeregten Nachbarn erkennt, ist ihm klar, dass etwas geschehen sein muss. Geistesgegenwärtig greift er hinter die Türe, nimmt ein Gewehr in seine Hand und rennt zum Nachbargrundstück. Stijphan, der immer wieder nur »Einbrecher, komm, bei mir ist etwas Schreckliches geschehen« ruft, war längst vorausgeeilt. Als der

Nachbar das Grundstück der Milats betritt, zeigt Stijphan ohne ein Wort auf das Fenster.
Die zurückgelassene Ehefrau hat inzwischen größte Mühe, die Kleinen von dem Fenster fernzuhalten. Sie setzt sich mit ihnen in die Küche und versucht, sie zu beruhigen. Nach einiger Zeit legt sie die schlaftrunkenen Geschöpfe wieder in ihre Bettchen und löscht das Licht. Es dauert nicht lange und bei den Kindern kehrt wieder Ruhe ein.
Die beiden Männer stehen noch immer im Garten vor dem Fenster und blicken auf die zahlreichen am Boden liegenden Glasscherben, das durch den Regen an der Hauswand herabgespülte Blut und die vier abgetrennten Finger auf dem Fenstersims.
Margaret schildert die Ereignisse dieser Nacht, und sie überlegen, was zu tun ist.
Die Situation ist nicht einfach für die Eheleute Milat, sie wissen, die Einwanderungsbehörden sind sehr streng und reagieren unverzüglich auf straffällig gewordene Einwanderer. Würde man den beiden glauben? Wäre es nicht doch vielleicht sinnvoller, die Finger verschwinden zu lassen, um keine Scherereien mit den Behörden zu bekommen.
Zu keiner Zeit hatten die beiden sich etwas zu Schulden kommen lassen. Man hatte immer versucht, den Gesetzen und Auflagen des Landes nachzukommen. Was sollten sie tun? Alles vertuschen?
Sie brauchen nicht lange zu überlegen, ihr Nachbar nimmt die Situation in die Hand: »Ich glaube, es ist das Beste, wir rufen die Polizei, und ihr berichtet, was vorgefallen ist.«
Das Ehepaar Milat weiß, welch gute Beziehungen der Nachbar zur örtlichen Polizei hat. Häufig wurden im Nachbargarten große Feierlichkeiten abgehalten, und Polizeiwagen parkten vor dem Haus.
»Bleibt nur ruhig, ich rede schon mit ihnen«, beruhigt der Nachbar die Milats. »Bei mir hätte der Kerl nicht nur vier Finger verloren. Von mir hätte er vier Kugeln in den Leib bekommen, dieser Verbrecher.«

»Meinst du, man wird uns glauben?«, fragt Milat seinen Nachbarn.
»Natürlich, das sieht doch ein Blinder, was hier passiert ist. Wartet nur ab, der Schrecken ist gleich vorüber.«
»Hoffentlich«, kommt es mit einem Seufzer aus Stijphans Mund.

Ein schwerer Polizeigeländewagen kommt die Straße herauf und hält vor dem Grundstück der Milats. Behäbig steigt der wohlbeleibte Sergeant John aus dem Wagen und geht auf die Wartenden zu. Er umarmt Milats Nachbar und gibt ihm lachend zu verstehen: »Bist du verrückt, mich um diese Zeit aus dem Bett zu holen. Du wirst doch nicht glauben, dass ich dir die Geschichte mit den Fingern abgenommen habe. Sicher ist deine Frau schon zu Bett gegangen, und du brauchst jemanden, der dir deine Langeweile vertreibt.«
Doch dann sieht er die Angst in den Gesichtern der Milats, und ihm wird auf der Stelle klar, dass etwas Entsetzliches vorgefallen sein muss.
»Na das ist ja eine abenteuerliche Geschichte«, stellt er nun dienstlich klingend fest. »Zeigen sie mir erst einmal die Finger, die sich auf dem Fensterbrett befinden sollen.«
Nahe dem Fenster bemerkt der Beamte, wie sich die Aufregung der kleinen Frau immer mehr steigert. Immer nervöser wirkt sie, immer fahriger werden ihre Antworten.
»Bleiben Sie mal besser hier, nicht dass Sie mir noch einen Herzanfall bekommen«, versucht der Polizist die Frau zu besänftigen.
Stijphan legt zärtlich seine Arme auf die Schultern seiner Frau Margaret und drückt seine »Kleine« ganz fest an sich.
Als der Beamte die vier Finger erblickt, zieht er seelenruhig eine Plastiktüte aus seiner Jackentasche und legt das Corpus Delicti hinein. Er bringt die Tüte in den Kofferraum seines Wagens und kehrt zum Haus zurück.
»Aber ein Protokoll müssen wir schon aufnehmen. Sind Sie dazu in der Lage?«, ist seine Frage an Margaret, die nur mit einem Kopfnicken antwortet.

So belässt er es bei einem kurzen Vernehmungsprotokoll, das Margaret lediglich unterzeichnen muss. Der Polizist tätschelt noch einmal die Hand der Frau und versucht, sie mit einem Witz aufzumuntern: »Der die Finger verloren hat, gute Frau, kann sie ja auf dem Revier wieder abholen.« Für ihn war damit die Angelegenheit erledigt.

Der Mann, der in dieser Nacht vier Finger verlor, wurde nie gefunden.

Simones große Tour

Wolkenverhangen ist der Himmel über der bayerischen Stadt Regensburg in diesen Tagen. Wie die Geschichte zu berichten weiß, wird diese Stadt schon um 500 v. Chr. als Keltensiedlung »Rataspona« erwähnt. 179 n. Chr. wurde hier ein römisches Heereslager errichtet. Im 8.–9. Jahrhundert ist Regensburg Mittelpunkt des ostfränkischen Karolingerreiches. Im Mittelalter entstehen der berühmte Dom, die romantischen Gassen der Altstadt und die 300 Meter lange steinerne Brücke, die noch heute den zweitgrößten Strom Europas, die Donau, überquert. Hunderttausende von Besuchern »pilgern« alljährlich durch die alten Straßen der Stadt und lassen sich von ihrem historischen Flair inspirieren.

In dieser altertümlichen Diözesanstadt sitzt in seiner schmuck eingerichteten Zweizimmerwohnung Herbert Schmidl und wartet sehnsüchtig auf einen Telefonanruf seiner Tochter Simone, die im fernen Australien unterwegs ist. Vier Monate ist es bereits her, seit Simone am 29. September 1990 auf ihre große Tour ging.
Der Abschied ist ihm noch in guter Erinnerung.

Es ist 5.30 Uhr, als er seine Tochter zum Hauptbahnhof fährt. Die quirlige junge Frau sprudelt über vor Glück, denn endlich ist der Tag gekommen, auf den sie so endlose Monate gewartet hat.
Am Bahnhof dann die Überraschung: Die Kameradinnen ihres Regensburger Turnvereines, dem sie seit Jahren angehört, sind gekommen, um sich von ihr zu verabschieden. Riesige beschriftete Transparente sind das Erste, was Simone in der Bahnhofshalle wahrnimmt. In dicken Lettern kann sie lesen: »Hallo Simone, wir wünschen dir eine glückliche Reise.« Simone ist fassungslos vor Freude und genießt den Augenblick. Die Mädchen kreischen und johlen, springen ausgelassen um

ihre große Heldin. »Die Simone ist eben eine, die sich was traut«, meint eine Freundin anerkennend.
Ihr Vater, der die Szene verfolgt, steht abseits. Stumm betrachtet er seine Tochter. Die Vorstellung, dass seine erst 21-jährige Tochter mit Rucksack und Zelt allein durch Australien reisen wird, behagt ihm überhaupt nicht. Als Simone bemerkt, wie nachdenklich ihr Vater geworden ist, hakt sie sich bei ihm unter und versucht, ihn aufzuheitern: »Papi, pass auf dich auf, ich komme schon wieder gesund nach Hause. Ich war doch schon auf der ganzen Welt, und mir ist nie etwas geschehen. Also, Kopf hoch, ich bin ja in sechs Monaten wieder zu Hause.«
Simone rückt ihre dunkle, modische Brille zurecht und besteigt den Zug nach Frankfurt. Küsst noch einmal liebevoll ihren Vater und schließt die Türe. Die Freundinnen jubeln und winken ihr hinterher, bis der Zug in der Ferne entschwindet. Hemmungslos lässt Herbert Schmidl seinen Tränen freien Lauf. Wie oft hatte er versucht, Simone diese Reise auszureden. Er wollte sie umstimmen, doch wer kann schon eine 21-Jährige von dem abhalten, was sie sich einmal in den Kopf gesetzt hat.
So entflieht der Zug, der seine Tochter nach Frankfurt zum Flughafen bringt, aus seinem Blick. Ihre Maschine startet um 12.45 Uhr und wird nach einem Zwischenstopp am 1. Oktober in Sydney landen. Der Rückflug ist für den 22. Mai 1991 gebucht. Es tröstet ihn zu wissen, dass sie wenigstens die letzten sechs Wochen nicht allein sein wird. Am 9. April des kommenden Jahres würde sich Simone mit ihrer Mutter in Melbourne treffen, um die restlichen Wochen mit ihr zusammen zu verbringen. Am 22. Mai würden beide gemeinsam nach Deutschland zurückkehren.

Bei ihrer Abreise schworen sich Vater und Tochter, dass sie während der langen Zeit der Trennung ständig, ob brieflich oder telefonisch, in Verbindung bleiben werden.

Zwischenstopp in Athen

»Haben Sie noch einen Wunsch, möchten Sie noch etwas zu trinken?« Die freundliche Stimme der Stewardess weckt Simone Schmidl aus ihrem Schlaf. Seit Stunden sitzt sie in der Maschine nach Australien. Sie freute sich, einen Fensterplatz erhalten zu haben, so konnte sie den herrlichen Ausblick auf das dichte Wolkenfeld unter sich genießen. »Doch dabei muss ich eingenickt sein«, stellt sie verwundert und ein wenig verärgert fest. Schon gibt der Kapitän die Landung in Athen, ihrem ersten Zwischenstopp, bekannt. Pünktlich um 16.25 Uhr landet die Maschine der Olympic Airways in Griechenland.

Drückende Hitze herrscht in dem übervollen Restaurant im Flughafen von Athen Simone. Die Aircondition ist ausgefallen. Auch das schwere Gepäck trägt seinen Teil dazu bei, dass Simone erschöpft und schweißgebadet ist, als sie an einem kleinen Tisch, der gerade frei wird, Platz nimmt. In ihrem besten Englisch bestellt sie einen kühlen Drink und beobachtet dabei eine gleichaltrige Frau, die mit ihrem riesigen Rucksack und hochrotem Kopf dasselbe Schicksal erleidet wie sie. Sofort erkennt Simone die junge Frau wieder, denn sie flogen in derselben Maschine. Die Frau erwidert den Blick Simones sichtlich erfreut und geht geradewegs auf ihren Tisch zu.

Simone Schmidl am Strand von Neuseeland.

»Ist bei Ihnen noch ein Platz frei?«
»Natürlich«, erwiderte Simone. Sie wusste, ihre Maschine startet erst morgens um 5.20 Uhr zum Weiterflug. Dreizehn lange Wartestunden lagen also noch vor ihr. Da kam die junge Frau wie gerufen. »Sicher fliegt Sie auch mit derselben Maschine weiter. Also hat Sie dasselbe Problem wie ich«, überlegte sie, und der Gedanke gefiel ihr.
Nur wenige Minuten sind nötig, bis sich die beiden gegenseitig vorgestellt und beschlossen haben, die lange Zeit des Wartens gemeinsam zu verbringen. Und es stellt sich heraus, dass die junge Frau mit Namen Jenny Müller genauso wie Simone beabsichtigt, mit Rucksack und Zelt durch Australien zu reisen. Die beiden verstehen sich auf Anhieb prächtig und beschließen spontan, Neuseeland und Australien gemeinsam zu erkunden. Doch es bleibt noch viel Zeit bis zum Weiterflug. Simone erzählt von ihrer Schulzeit, vom Besuch der kaufmännischen Berufsschule, wo sie sich zur kaufmännischen Assistentin ausbilden ließ. Jenny zeigt daran jedoch wenig Interesse. Wichtiger erscheint ihr zu erfahren, wie der Freund von ihr aussieht und welches Auto er fährt. Simone winkt ab bei diesem Thema und erzählt von ihren Träumen zu dieser Reise.

Das Abenteuer beginnt

Ein strahlend blauer Himmel empfängt die beiden jungen Damen am 1. Oktober 1990 in Australien. Noch etwas verschlafen reibt sich Simone die Augen und auch mancher Geschäftsreisende, als die beiden das Terminal des Flughafens Sydney in ihren kurzen Shorts verlassen. Ihre schweren Rucksäcke hindern sie nicht daran, sich vor dem Taxistand glücklich zu umarmen. Ein freundlicher Taxifahrer schüttelt den Kopf, lädt das schwere Gepäck in den Kofferraum und fährt die beiden ins Stadtzentrum. In einem der englisch anmutenden Pubs beschließen sie, ein günstiges Hotel zu suchen, um erst einmal richtig auszuschlafen. Alles andere würden die nächsten Tage zeigen.

Verwundert sitzt ein dicklicher Autoverkäufer in seinem klimatisierten Büro und beobachtet, wie zwei junge Frauen sich für einen seiner Gebrauchtwagen interessieren. Mit riesigen Rucksäcken auf den Schultern, die Reisetaschen bereits abgestellt, betrachten sie den Innenraum des Fahrzeugs. Lächelnd geht er auf die beiden zu und fragt nach ihren Wünschen. Man wird sich schnell handelseinig, und das quittiert der Verkäufer mit einem hämischen Grinsen.
Die Freude über das Auto sollte nicht lange anhalten, denn schon nach 2.600 Kilometern gibt es seinen Geist auf. Die Reparaturkosten in Höhe von über 500 A$ hinterlassen ein mächtiges Loch in ihrer Reisekasse. Nun wussten sie, warum dieser schmierige Typ so gegrinst hatte und dass es sehr schwer werden würde, dieses Auto vor ihrem Abflug wieder gut verkaufen zu können.

Simone Schmidl am Strand. Neben ihr der Schlafsack ihrer Freundin J. Möller.

Überhaupt ist das mühsam zusammengesparte Geld schneller ausgegeben, als sie sich das vorgestellt hatten. Und so beschließen sie, eine Arbeit zu suchen. Von Trampern hatten sie in Erfahrung gebracht, dass man am Hafen schnell welche finden würde.

Zwei ganze Tage werden sie beschäftigt, ein relativ großes Luxusboot zu reinigen. Die Bezahlung für diese harte körperliche Arbeit ist jedoch alles andere als Luxus. Jenny stellt fest, der Lohn sei miserabel. Doch aufgeben, das ist nicht ihre Sache, und so suchen sie weiter.

Ihr neues Aufgabengebiet wird das Öffnen von Muscheln. Einen ganzen Nachmittag sind sie damit beschäftigt, die Schalen von den Weichtieren zu trennen, bis sich ein mächtiger Berg von Schalen neben ihnen auftut. Die Menge der geernteten Tiere bedeckt dagegen gerade mal den Boden des dafür aufgestellten Kübels. Die zerschundenen Hände schmerzen am Abend, und wütend erfahren sie, dass der Lohn nach Kilogramm der Tiere bezahlt wird. Als Simone die Arbeitszeit mit dem Lohn vergleicht, kennt sie nur einen Kommentar: »Gangster«

Wie der Sand durch die Finger rinnt, so verflogen ihre großen Träume. Die aufdringlichen Dingos, die Straßenhunde Australiens, die Skorpione, mit denen sie bereits Bekanntschaft gemacht hatten, und die Angst vor Schlangen taten ihr Übriges. Die Angst vor den Nächten, die sie allein in einem kleinen Zelt verbrachten – darüber sprach man nicht, wie über so vieles.

Am 27. Oktober 1990, vier Wochen nach ihrer Abreise, schreibt Simone an ihre Eltern:

»Das Geld geht weg wie nichts. Mir geht es gut. Aber das Leben ist schon verdammt hart.«

Dann die Worte: »Mir geht's doch nicht so gut!« Sie macht einen Pfeil an den Briefrand und fügt hinzu: »Keine Sorgen ma-

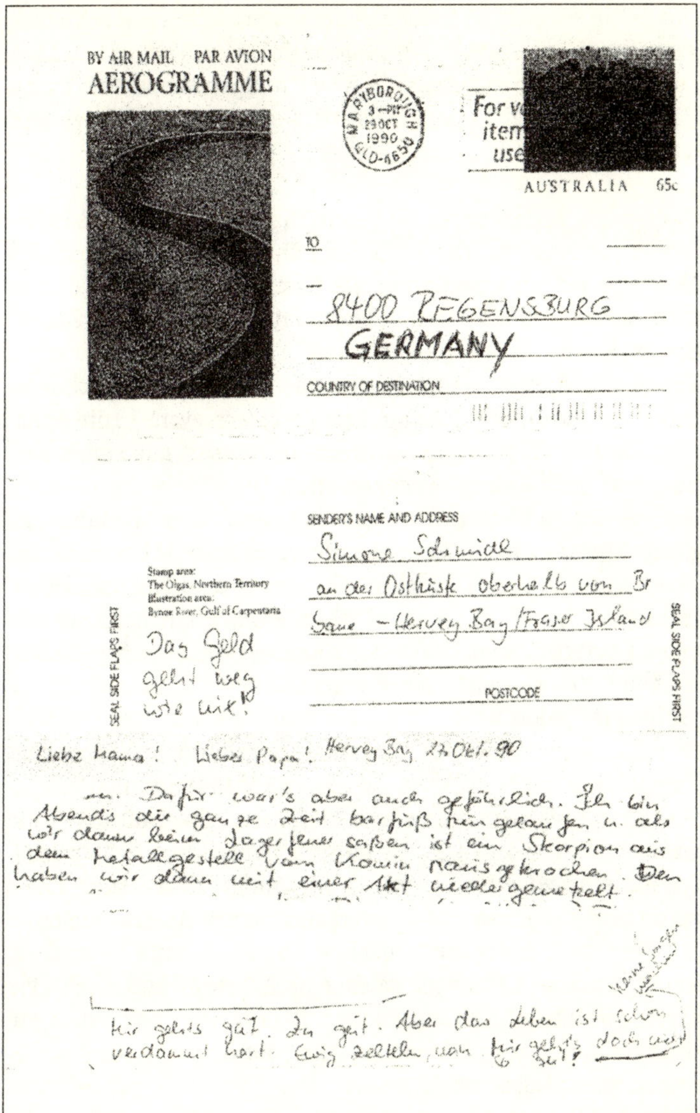
BY AIR MAIL PAR AVION

AEROGRAMME

MARYBOROUGH 3-PM 23 OCT 1990 QLD-4650

For v... item... use...

AUSTRALIA 65c

TO

8400 REGENSBURG

GERMANY

COUNTRY OF DESTINATION

SENDER'S NAME AND ADDRESS

Simone Schmidt

an der Ostküste oberhalb von Br

Sane – Hervey Bay / Fraser Island

POSTCODE

Stamp area: The Olgas, Northern Territory
Illustration area: Bynoe River, Gulf of Carpentaria

SEAL SIDE FLAPS FIRST

Das Geld geht weg wie nix!

Liebe Mama! Lieber Papa! Hervey Bay 27. Okt. 90

... Dafür war's aber auch gefährlich. Ich bin Abends die ganze Zeit barfuß rumgelaufen u. als wir dann beim Lagerfeuer saßen ist ein Skorpion aus dem Metallgestell vom Kamin rausgekrochen. Den haben wir dann mit einer Axt niedergemetzelt.

Mir gehts gut. Zu gut. Aber das Leben ist schon verdammt hart. Ewig zelten, man mir geht's doch zu gut!

Brief Simones an ihre Eltern.

chen.« Sie schließt den Brief an ihre Eltern: »Liebe Mammi, ich freue mich schon sehr darauf, wenn du nach Australien kommst und ich dir sechs Wochen lang Australien mit dem Campingbus zeigen kann. Du wirst staunen, wie schön es hier ist. Auf Wiedersehen. Eure Simone.«

Trampen durch ein dünn besiedeltes Land

Den fremden Kontinent auf eigene Faust zu erkunden, diesen Wunsch hatte nicht nur Simone Schmidl. So machen sich in der folgenden Zeit auch die 20-jährige Anja Habschied und ihr 21-jähriger Freund Gabor Neugebauer auf den Weg nach Australien. Ebenso wie Caroline Clark aus Slaley in Großbritannien. Und die 22-jährige Joanne Lesley Walters aus einem kleinen Dorf in Wales, Großbritannien.
Joanne Lesley Walters hat eigentlich alles, was sich eine junge Frau wünscht, eine intakte Familie, viele junge Männer, die sie gerne sehen. Doch ihre Sehnsucht gehört dem Reisen. Die attraktive junge Frau ist die Tochter eines Ingenieurs, der in einer Papiermühle in Südwales sein Geld verdient. Sie wächst als behütetes Mädchen einer angesehenen Familie auf. Ihr Vater liest ihr jeden Wunsch von den Augen ab. Ray und Gill Walters, ihre Eltern, träumen von einem Enkelkind. Schließlich ist ihre Tochter in einem Alter, wo viele ihrer Freundinnen bereits verheiratet sind. Doch sie weist den Gedanken an eine Ehe weit von sich. »Viel zu früh«, sagte sie immer. Ihre Träume hatten nur ein Ziel: eine Reise nach Australien. Monatelang hatte sie Prospekte gelesen und nach den interessantesten Reiserouten gesucht. Bei der australischen Botschaft hatte sie sich erkundigt, wie ihre Chancen seien, eine Arbeit zu finden. Für sie als ausgebildetes Kindermädchen wäre es leicht, in einem guten Haushalt unterzukommen, sagte man ihr.
Dann eines Tages ist es soweit. Die Bedenken ihrer Eltern können sie nicht mehr aufhalten. Sie macht sich auf in das Land, dass für sie längst zum Synonym für Freiheit und Aben-

teuer geworden war. Zuerst zieht es sie in die Hauptstadt Sydney. Ihre freundliche Art hilft ihr dabei, schnell Arbeit zu finden. Egal ob als Kindermädchen oder als Bedienung in einem der zahlreichen Lokale, sie schlägt sich durch. Wie Caroline Clark, eine Landsmännin, die sie in einem Lokal, in dem sie gerade bedient, kennen lernt und mit der sie Freundschaft schließt.

»Ich glaube, wir waren jetzt lange genug in Sydney, es wird Zeit, uns das Landesinnere anzusehen«, schlägt Joanne ihrer Freundin vor. Caroline ist begeistert und kündigt noch am selben Tag ihre Arbeit.

Sie trampen durch dieses unendlich weite, dünn besiedelte Land. Mal arbeiten sie auf einer Schaffarm, dann als Helferinnen auf einer Obstplantage. An stillen Abenden sind ihre Gedanken zu Hause, bei ihren Eltern. »Sie sind wohl alle gleich«, stellt Caroline fest, »sie haben bei allem, was man unternimmt, unbegründete Angst.«

Und Joanne gibt ihr Recht: »Meine Eltern können sich eigentlich nicht beschweren. Ich rufe zwei Mal die Woche an, und ich habe ihnen schon Dutzende von Briefen geschrieben, nur damit sie sich ja keine unnötigen Sorgen machen.« »Mein letzter Anruf zu Hause«, fährt Joanne fort, »hat mich ein Vermögen gekostet. Ich hab meiner Mutter von dir erzählt, und natürlich wollte sie dann auch gleich alles über dich wissen, deinen Namen, wie alt du bist und wie wir uns verstehen. Was die für Sorgen haben!«

Während für Joanne der Rückreisetermin zwar noch in weiter Ferne lag, aber zumindest feststand, war Caroline fest entschlossen, für längere Zeit in Australien zu leben. Ihr Vater, ein leitender Angestellter der Bank von England, drängte bei jedem Anruf seiner Tochter auf deren Rückkehr. Doch vergebens.

Joanne und Caroline verschlägt es auf eine Farm im Bundesstaat Victoria. Hier können sie wohnen und arbeiten. Fast allabendlich sitzen sie mit dem Farmerehepaar zusammen und berichten von ihrer Heimat. Joanne und Caroline gefällt das ländliche Leben, vor allem die Freundlichkeit, die die Landleute ihnen entgegenbringen. Leider konnten sie hier nur drei Wochen verbringen, und so traten sie ihre Weiterreise, zurück nach Sydney, an.

Simones Mutter in Australien

Eine riesige Menschentraube hat sich am Ausgang des Terminals gebildet. Zahlreiche Menschen haben sich eingefunden, um ihre Angehörigen und Freunde willkommen zu heißen. Blumen werden überreicht, Menschen umarmen sich, Koffer und Gepäck tauschen ihre Träger. Die Maschine Frankfurt – Melbourne ist pünktlich gelandet, und die Fluggäste sind froh, die Strapazen des langen Fluges überstanden zu haben.

Unter den angekommenen Fluggästen eine überglückliche Frau und Mutter. Ganz langsam schiebt sie ihren Kofferkuli vor sich her. Sie will das Flair dieses fremden Landes in sich aufsaugen, den so lang herbeigesehnten Augenblick genießen. Nur noch wenige Meter zum Terminal des Flughafens hier in Melbourne und sie würde ihre geliebte Tochter wieder in die Arme nehmen können. Seit Monaten hatten sie sich nicht mehr gesehen. In Melbourne wollten sie sich treffen, um sechs Wochen gemeinsam Urlaub zu machen.

Minuten vergehen, bis sie sich in den Strom der Passagiere einreiht. Sie blickt durch die riesige Glasscheibe auf die Wartenden, die allmählich weniger werden. Nur noch eine kleine Gruppe Wartender befindet sich hinter der Glasscheibe, an der sich ein paar Kinder die Nasen platt drücken. Ihre Tochter ist nirgends zu sehen. »Vielleicht hat sie mit dem Campingbus keinen Parkplatz gefunden«, denkt sie und postiert sich in der Mitte der Halle. Sie will sich gerade eine verfrühte Landung der Maschine einreden, was natürlich nicht stimmt, als sie einen Aufruf aus dem Lautsprecher vernimmt. Sie versteht nichts, aber sie hört ihren Namen. Dann ertönt der Aufruf auch in deutscher Sprache: »Frau Schmidl, bitte melden Sie sich bei der Information.«

»Braves Mädchen, sie ruft wenigstens am Flughafen an, damit ich mir keine Sorgen zu machen brauche«, stellt sie fest und sucht nach dem zuständigen Informationsschalter.

Dort wird sie von der Bodenstewardess sehr freundlich begrüßt. Die Stewardess zeigt auf einen Mann, der direkt neben ihr steht. Der nestelt nervös in seiner Jackentasche, zieht einen Ausweis hervor und stellt sich der Dame in gebrochenem Deutsch vor.
»Ich bin Detective Jeff Calderbank, sind Sie Frau Schmidl?«
Die Frau antwortet nur zögerlich: »Ja... ja, das bin ich.«
»Bitte kommen Sie doch mit mir, ich muss mit Ihnen reden.«
»Das geht nicht, ich muss hier auf meine Tochter warten. Sie erwartet mich«, ist ihre kurze Antwort.
Alles dreht sich in ihrem Kopf, sie denkt an den Zoll, an ihr riesiges Gepäck; doch sie findet keine Erklärung dafür, was dieser Mann von ihr will.
»Frau Schmidl, Ihre Tochter Simone kann nicht kommen, bitte kommen Sie mit mir in mein Büro, ich werde Ihnen alles erklären«, ersucht sie der Mann erneut.
»Was erklären?« fragt sie endlich verunsichert. »Hatte meine Tochter eine Autopanne oder etwa einen Unfall? Bitte sagen Sie es mir.«
Der Beamte führt sie zum Ausgang und spricht kein Wort. Sie bleibt stehen. Noch einmal blickt sie in die riesige Halle, doch Simone ist nirgendwo zu sehen. Sie mustert jeden Reisenden zweimal, kontrolliert mit den Augen jeden Koffer, der vorbeigetragen wird. Auch der Beamte bleibt stehen.
»Wo ist meine Tochter, bitte sagen Sie es mir.« Mit diesen Worten versinkt sie schier ohnmächtig in die Arme des Beamten. Sie lässt ihren Tränen freien Lauf. Immer wieder schreit sie in die Flughafenhalle: »Simone, mein Kind, wo bist du, was ist mit dir geschehen?«
Vergeblich versucht der Beamte, sie zu beruhigen: »Es wird sich alles aufklären, Sie werden sehen.«
Nur mühsam schafft er es, die Frau zum Verlassen der Flughafenhalle zu bewegen. Draußen steigen sie in einen Dienstwagen.

Auf dem Polizeirevier

Der Wagen hält vor einem altehrwürdigen Bau, in dem sich die Polizeidienststelle befindet. Nur schwer fällt es der Frau, die hohen Stufen zum Portal zu überwinden. Sie weint und schluchzt unaufhörlich. Ein freundlicher Beamter begrüßt die Ankömmlinge und begleitet sie wortlos in ein Besprechungszimmer. Ein Polizist mit mehreren Sternen auf seinen Schulterklappen bringt einen Stuhl. Verständnisvoll begrüßt er die Dame und wartet ein paar Sekunden. Dann sagt er: »Sie müssen jetzt stark sein, Frau Schmidl. Ich muss Ihnen leider mitteilen, dass Ihre Tochter als vermisst gemeldet wurde.«

»Vermisst, was soll das bedeuten?«, fragt sie unter Tränen.

»Ihre Tochter wurde von Ihrer Freundin Jenny Müller als vermisst gemeldet. Die beiden Mädchen waren seit Monaten durch Neuseeland und Australien getrampt und haben sich am 20. Januar getrennt. An diesem Tag hat Frau Müller ihre Tochter Simone zum Busbahnhof gebracht und sich dort von ihr verabschiedet.«

»Das weiß ich, Simone hatte mir davon berichtet«, unterbricht Frau Schmidl.

»Sie vereinbarten«, fährt der Beamte fort, »dass sich Simone, sobald Sie in Melbourne angekommen ist, bei ihr melden würde. Es sind nur 800 Kilometer von Sydney nach Melbourne, und das fährt ein Bus in zwei Tagen.«

»Aber es kann doch sein, dass der Bus eine Panne oder einen Unfall hatte?«, unterbricht sie.

»Nein, glauben Sie uns Frau Schmidl, wir haben sofort alles überprüft. Es gab auf dieser Strecke keinen Unfall mit einem Bus. Es gibt kein Krankenhaus, keine Jugendherberge, wo wir uns nicht nach ihr erkundigt hätten. Aber nichts, Sie ist spurlos verschwunden.«

Frau Schmidl schüttelt nur immer wieder den Kopf, sie versteht nichts mehr. Sie ist am Ende, als der Beamte fortfährt: »Frau Schmidl, die Freundin ihrer Tochter sagte uns, dass sie vermute, dass Simone diese Strecke per Anhalter gefahren ist. Sicher wollte sie sich die Kosten der Busfahrt sparen, was ja üblich ist bei den Jugendlichen. Zeit hatte sie ja genug bis zu Ihrem Eintreffen.«

Frau Schmidl ist in Gedanken versunken. Sie begreift nicht. Wie ist es möglich, dass ihr Kind auf einer Strecke von achthundert Kilometern einfach verschwinden kann? Noch vor Tagen hatte man miteinander telefoniert, zusammen am Telefon gelacht und sich auf dieses Treffen gefreut. Gefreut auf sechs gemeinsame Wochen in einer anderen Welt.

»Frau Schmidl, ich lasse Sie nun von einer Beamtin zu einem Hotel bringen, wo Sie Ihr Gepäck unterbringen und vielleicht ein wenig Ruhe finden können.«

»Ruhe finden?«, fragt sie verwundert. »Ohne meine Tochter finde ich keine Ruhe.«

Eine Beamtin, die die wehrlos wirkende Frau aus dem Raum führt, sagt: »Wir werden alles nur Erdenkliche tun, um Ihre Tochter zu finden. Wir werden alles dafür tun, dass Sie sie bald wieder in Ihre Arme nehmen können. Glauben Sie mir, meine Kollegen versuchen, ihr Bestes zu geben.«

Dann fährt sie sie zu einem Hotel. Sie verabreden sich für den kommenden Tag. Eine Vermisstenanzeige, die man benötigte, konnte nur sie selbst aufgeben, und darauf wollte man bis zum nächsten Tage warten.

Frau Schmidl sieht nicht die ersten Sonnenstrahlen, die den neuen Tag ankündigen. In der Nacht hatte sie keine Ruhe gefunden. Immer wieder hatte sie sich eingeredet, dass alles nur ein Irrtum war und ihre geliebte Simone bald wieder bei ihr sein würde. Doch es waren auch drohende schwarze Wolken über ihr aufgezogen; sie hatte die schrecklichsten Vorstellungen. Sie wollte sie verdrängen, sie nicht aufkommen lassen. So sehr sie sich auch bemühte – sie ließen sich nicht vertreiben.

Sie liegt noch immer fast regungslos auf dem Bett, als die junge Beamtin an die Türe des Hotelzimmers klopft.

Ein verzweifelter Hilferuf

Detective Calderbank bat Janette Müller, nach Melbourne zu kommen, um eine Aussage aufnehmen zu können. Sie war die Letzte gewesen, die Simone lebend gesehen hatte. Schon für den nächsten Tag war ihr Kommen vereinbart.

Wortlos stehen sich die beiden Frauen nun gegenüber. Die Mutter von Simone und die junge Frau, die ihre Tochter zuletzt sah. Sie bemerken nicht die Fernsehkamera, die man im Zimmer aufbaut. Sie bemerken nicht, dass soeben die größte Suchaktion beginnt, die es je in der Geschichte Australiens gegeben hat. Das grelle Licht der angeschalteten Scheinwerfer holt die beiden Frauen zurück in die Realität. Die Reporter der größten Fernsehanstalt dieses Landes werden ihnen vorgestellt.

Der Aufnahmeleiter sagt: »Frau Schmidl, wir werden Ihnen helfen, Ihre Tochter zu finden. Sie haben nun die Möglichkeit, sich an die Bevölkerung zu wenden. Wir suchen nach Menschen, die Ihre Tochter in den letzten Tagen und Wochen gesehen haben. Und wir werden sie bitten, sich bei der Polizei zu melden. Frau Müller wird uns dabei als Dolmetscherin zur Verfügung stehen.«

Noch nie stand Elfriede Schmidl vor einer Fernsehkamera. Unsicher nimmt sie neben Jenny Müller Platz. Dann beginnt auch schon die Anmoderation des Reporters. Er berichtet, dass eine junge Deutsche namens Simone Schmidl seit mehreren Wochen vermisst wird. Jenny Müller berichtet, an welcher Stelle sie Simone zum Bus gebracht hat und welche Strecke sie nehmen wollte. Man blendet Bilder von Simone ein. Die Mutter von Simone weint.

Inständig wendet sie sich an die Bevölkerung: »Bitte helfen Sie mir, meine Tochter zu finden. Vielleicht liegt sie in einem Krankenhaus. Vielleicht hatte sie einen Unfall, ist ohnmächtig und kann keine Angaben zu ihrer Person machen. Vielleicht hat sie ja jemand gesehen. Bitte melden Sie sich bei der Polizei, wenn Sie mir helfen können, meine Tochter zu finden.«

Unter Tränen endet ihr Aufruf: »Ich hoffe, dass meine Tochter noch am Leben ist.«
Selbst die hartgesottenen Berichterstatter sind gerührt über den Aufschrei dieser Frau. Mit bewegter Stimme bittet der Reporter die Zuschauer nochmals, sich umgehend bei der Polizei zu melden, falls sie etwas gesehen haben.
Die Resonanz auf diesen landesweit ausgestrahlten Hilferuf ist groß. Es kommt zu einer Welle der Hilfsbereitschaft und Anteilnahme. Unzählige Hinweise gehen bei den örtlichen Dienststellen ein. Doch keiner dieser Hinweise bringt ein Lebenszeichen von Simone.

Sechs lange Wochen hofft die Mutter von Simone auf Nachricht. Sechs lange Wochen des Bangens und Hoffens sind vergangen, als sie wieder am Terminal des Flughafens steht. Freunde haben sie zum Flughafen gebracht, doch sie sprechen kein Wort. Beim Abschied streicheln sie ihre Wangen, umarmen die Unglückliche noch ein letztes Mal. Stumm und leise weinend geht sie durch den Zoll. Sie will dieses Land verlassen, den Boden dieses Kontinents nicht sehen, der ihr Kind in sich aufsog und nicht mehr freigeben will. Sie blickt zum Himmel, und niemand weiß, was sie dabei denkt.

Ein Mädchen wird vermisst

Am schweren hölzernen Tor einer Kirche verliert sich fast ein kleines DIN-A4-Plakat, und doch gibt es wohl keinen der Besucher dieses Gotteshauses in Südwales in Australien, der es übersieht.

Kopfschüttelnd stehen zwei ältere, gut gekleidete Damen vor diesem öffentlichen Aufruf an die Bevölkerung und suchen nach Ihren Brillen. Die Überschrift des Plakats können sie gerade noch entziffern. »HAVE YOU SEEN THIS GIRL?« steht da in großen Lettern. Auch das abgebildete junge Mädchen, das sie geradezu freudestrahlend anlacht, können sie noch erkennen. »Ein sympathisches Mädchen«, stellt eine der Damen fest. Erst nachdem sie ihre Sehhilfen zurechtgesetzt haben, begreifen sie, dass es sich um den verzweifelten Hilferuf einer Familie aus Deutschland handelt. Sie erfahren, dass eine junge Frau, eine 21-jährige Touristin, seit dem 20. Januar 1991 hier in ihrem Land, in Australien vermisst wird. Dass sie unterwegs war von Liverpool nach Melbourne, wo sie niemals ankam.

»Nein, was sich die jungen Frauen alles trauen. Allein mit einem riesigen Rucksack bepackt auf einem fremden Kontinent«, meint eine der Damen, als sie das Bild von Simone Schmidl betrachtet. Doch sie weiß auch, dass jugendliche Rucksacktouristen keine Seltenheit sind hier auf diesem Kontinent. Sechzig bis siebzig Prozent aller jungen Menschen erkunden Land und Leute auf diese Art und Weise.

Die Großstädte bieten unzählige Schlafmöglichkeiten zu äußerst günstigen Konditionen speziell für Rucksacktouristen. Auch das Trampen ist recht unproblematisch. An den Hauptrouten muss man selten länger als fünf Minuten warten, bis man mitgenommen wird. Die Bewohner Australiens sind gegenüber Rucksacktouristen äußerst aufgeschlossen, haben sie doch meist selbst ihr Land auf diese Weise erkundet.

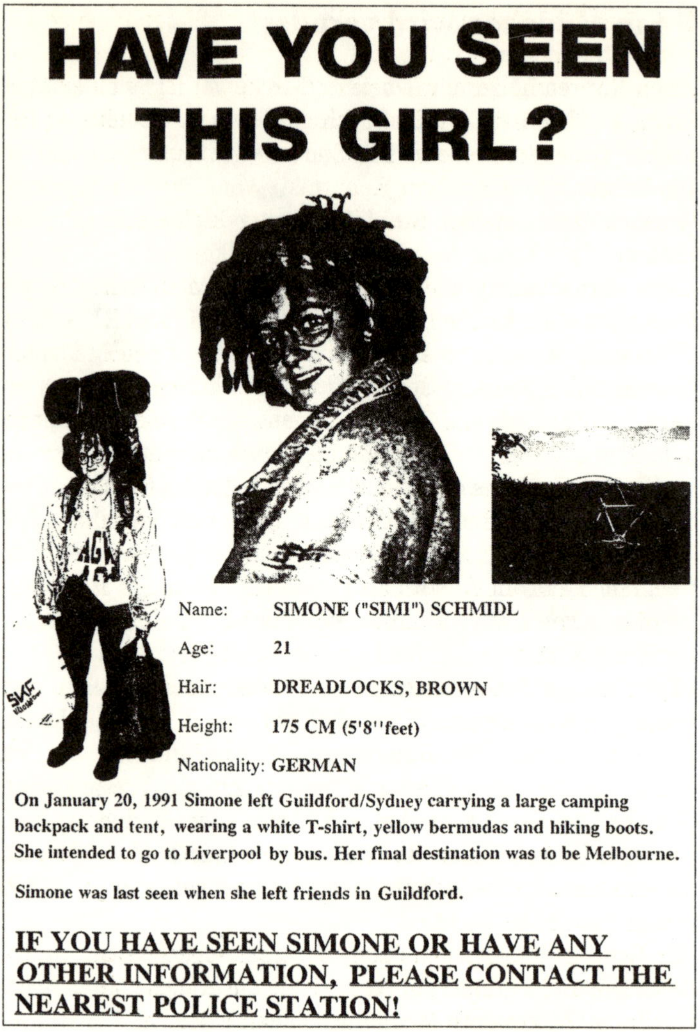

HAVE YOU SEEN THIS GIRL?

Name: SIMONE ("SIMI") SCHMIDL

Age: 21

Hair: DREADLOCKS, BROWN

Height: 175 CM (5'8''feet)

Nationality: GERMAN

On January 20, 1991 Simone left Guildford/Sydney carrying a large camping backpack and tent, wearing a white T-shirt, yellow bermudas and hiking boots. She intended to go to Liverpool by bus. Her final destination was to be Melbourne.

Simone was last seen when she left friends in Guildford.

IF YOU HAVE SEEN SIMONE OR HAVE ANY OTHER INFORMATION, PLEASE CONTACT THE NEAREST POLICE STATION!

Originalplakat. Mit diesem Aufruf an die Bevölkerung Australiens versuchte Familie Schmidl, auf das Verschwinden ihrer Tochter Simone aufmerksam zu machen.

Das Foto des angeschlagenen Plakats zeigt Simone Schmidl in voller Campingausrüstung. Auf dem Rücken trägt sie einen riesigen Rucksack, der daran befestigte Schlafsack ragt weit über ihren Kopf hinaus. In der linken Hand hält sie eine Reisetasche, in der rechten eine Landkarte. Kopfschüttelnd nehmen die Frauen den Aufruf zur Kenntnis: »Wenn Sie das Mädchen gesehen haben, melden Sie sich bitte bei der nächsten Polizeistation.«
Doch ebenso wenig wie tausende anderer Menschen, die das Plakat an allen Kirchen, Polizeistationen und öffentlichen Einrichtungen sehen konnten, so hatten auch diese beiden Damen Simone Schmidl nie zu Gesicht bekommen. Erschüttert werden sie an die Fernseh- und Presseberichte erinnert, die diesen Kontinent seit Monaten beunruhigen. Jährlich verschwinden in Australien hunderte von Mädchen, weiß die dpa zu berichten.
Eine australische Zeitung schreibt in großer Aufmachung: »Die australische Polizei muss sich mit Aufsehen erregenden Fällen von Mädchenhandel beschäftigen. Nach offiziellen Berichten werden jährlich etwa einhundert Mädchen und junge Frauen im Bundesstaat Queensland von der Goldküste, dem größten australischen Ferienzentrum an der Ostküste des Landes, verschleppt und von asiatischen Gangstern an Bordelle in Japan, Taiwan, Thailand und Hongkong verkauft. Bevorzugt werden junge, blonde und schlanke Mädchen, für die Preise bis zu 300.000 A$ gezahlt werden. Oft werden die Mädchen in betäubtem Zustand über die Küstenstadt Cairns im Nordosten Queenslands entweder mit kleinen Flugzeugen oder per Schiff außer Landes gebracht.«
Ein Schock ohnegleichen überfällt dieses sonnige Land. Junge Mädchen und Frauen sind verunsichert über diese Meldungen, die durch die gesamte Medienlandschaft geistern.
»Hoffentlich gehört dieses Mädchen nicht auch zu denen, die verschleppt wurden.«
Mit diesen Worten verabschieden sich die beiden Frauen vor dem Gotteshaus.

In diesen Vermittlungsbüros werden speziell für Rucksacktouristen günstige Übernachtungsmöglichkeiten angeboten.

Ein Sonderdezernat wird gegründet

Mit Entsetzen nehmen die Bewohner von Neusüdwales zur Kenntnis, dass immer mehr junge Menschen spurlos verschwinden. Zahlreiche Vermisstenanzeigen beunruhigter Eltern sind inzwischen bei den Polizeibehörden eingegangen. Immer mehr Anzeichen deuten darauf hin, dass junge Touristen, von Liverpool startend, ihr Ziel nie erreichten. Ihre Spur verliert sich auf dem Hume Highway zwischen Sydney und Melbourne. Die Beamten gehen mittlerweile davon aus, dass das Verschwinden der jugendlichen Touristen nichts zu tun hat mit den Fällen von Mädchenhandel in Queensland.

Bob Godden, ein schwergewichtiger 48-jähriger Mann, fast zwei Meter groß, Leiter des Dezernats Schwerstkriminalität, einer der fähigsten Kriminalisten des Landes, wird beauftragt, ein Sonderdezernat zu gründen. Godden stellte zunächst ein 14-köpfiges Team zusammen und ging all den zahllosen Hinweisen aus der Bevölkerung nach. Nichts sollte dem Zufall überlassen bleiben. So war es nahe liegend, bei der Fahndung einen Computerfachmann hinzuzuziehen. Seine Aufgabe war es, alle Hinweise zu koordinieren, jede noch so kleine Spur festzuhalten. Täterprofile wurden erstellt. Psychologen wurden in die Ermittlungen mit einbezogen.
Zwischenzeitlich haben sich noch weitere Eltern gemeldet, deren Kinder auf diesem Highway verschwanden. Fernseh- und Radiostationen werden eingeschaltet. Die Bevölkerung wird zur Mitarbeit aufgerufen. Jeder, der sich an etwas Verdächtiges erinnert, wird aufgefordert, sich bei der Polizei zu melden. Tausende von Hinweise gehen ein, und das Sonderdezernat sieht sich außer Stande, diese alle zu bearbeiten. So wird das Team von Bob Godden durch weitere Experten verstärkt. Unter ihnen sind Clive Small, ein Mann mit ungezählten Auszeichnungen und scharfem Verstand, und der erfahrene Steve Leach. Jeder, der diesen dynamischen Mann mit Vollbart kannte, wusste, er konnte nur eine Bereicherung des Teams sein. Für Steve Leach stand von vornherein fest, was noch niemand auszusprechen wagte, dass man es hier mit einem Serienkiller zu tun habe. Einem Täter, der seine Opfer ausschließlich unter Rucksacktouristen suche.
Jeden Morgen gab man eine Pressekonferenz. Man forderte die Bevölkerung auf, die Augen offen zu halten, jede verdächtige Wahrnehmung der örtlichen Dienststelle mitzuteilen. Die meisten Männer der Sonderkommission waren selbst Väter – so trieb sie das Verschwinden der jungen Leute in eine Arbeitswut ohnegleichen. Tausende von Überstunden wurden gemacht. Tag und Nacht war das Dezernat besetzt. Die größte Kriminalgeschichte dieses Kontinents nahm ihren Anfang.

Ein verzweifelter Vater

Stadt am Hof, ein Ortsteil der romantischen Diözesanstadt Regensburg. Nur wenige Meter vor dem Torbogen der Stadtmauer liegt eine kleine Kneipe. Hier treffen sich die ausländischen Seeleute und viele, die im Meer des Vergessenwollens den Wirt zum wohlhabenden Mann machen.
Es sind einfache Leute, die allabendlich bunt durcheinander gewürfelt zusammensitzen und sich zu einem Plausch treffen. Feine Herren oder solche, die sich dafür halten, sind eher eine Seltenheit in diesem Lokal. Doch auch Bosse von Messegesellschaften und Zeltbauer, die ganz einfach die Atmosphäre der kleinen Leute in sich aufnehmen wollen, gehören zu den Stammgästen.
Viele der Menschen, die zur vorgerückten Stunde längst ein Bier zu viel getrunken haben oder beim Würfeln mit dem Wirt zu viele Schnäpse nicht nur bezahlen mussten, genießen den Alkohol und ihre Unbeschwertheit.
Mit vollem Schwung zieht auch Herbert Schmidl den Würfelbecher in die Höhe und versucht, den Wirt im Spiel zu bezwingen. Wieder einmal hat es ihn in sein Stammlokal gezogen, um zu vergessen. Der Gastronom wundert sich, dass Herbert keine Revanche wünscht, plötzlich zahlt und sein Stammlokal fröhlich und schnellen Schrittes verlässt.
»Schönen Gruß zu Hause«, ruft ihm der Wirt noch nach, als Herbert bereits zur Tür hinausgeht.

Herbert ist der Vater von Simone Schmidl. Er ist seit ein paar Jahren von Simones Mutter geschieden. Wenige Jahre nach der Trennung hat er seine neue, seine jetzige Lebensgefährtin geheiratet. Seit vielen Wochen schon hat er nichts mehr von Simone gehört. Deshalb hat er sich ganz besonders auf diesen Abend gefreut. Er wusste, dass sich Simone an diesem Tag, dem 21. Januar 1991, mit ihrer Mutter in Melbourne trifft, um gemeinsam im Wohnmobil sechs Wochen durch Australien zu reisen. Die letzten Wochen lebte er in ständiger Unruhe. Er hatte es kaum ausgehalten, so viel Angst hatte er um sein Kind. Heute Nacht würden alle Sorgen wie weggeblasen sein. Dann nämlich würde Simones Mutter Herbert telefonisch bestätigen, dass sie sich mit Simone getroffen hat. Herbert weiß, dass dieser Anruf aufgrund der Zeitverschiebung erst am frühen Morgen erfolgen kann. Er stellt sich das Telefon ans Bett. Aber keine Minute kann er schlafen, viel zu aufgeregt ist er in der Erwartung, endlich wieder einmal die Stimme seiner Tochter zu hören.

Herbert ist sofort hellwach, als das Telefon klingelt. Doch am Telefon ist weder Simone noch ihre Mutter, es ist ein Bekannter der Familie aus Australien. Ohne zu wissen, was sein Bekannter sagen will, spürt er genau, es ist etwas Unvorhergesehenes passiert. Fassungslos nimmt er zur Kenntnis, dass das Zusammentreffen von Mutter und Kind nicht zu Stande kam. Wie ohnmächtig vernimmt er, dass er sich keine Sorgen zu machen brauche, Simone würde sich bald melden.

Er sitzt auf seinem Bett, der Hörer ist ihm längst aus seiner Hand geglitten, und sinkt in sich zusammen. Seine Nerven spielen nicht mehr mit. Wie ein kleines Kind bricht er in Tränen aus. Der 1.85 m große dunkelhaarige Mann mit dem muskulösen Körper sitzt zusammengekauert auf dem Boden. Sich verfluchend, dass er seiner Tochter die Reise genehmigt hatte. Positive Gedanken verwirft sein verwirrtes Gehirn. Er spürt, seiner über alles geliebten, einzigen Tochter ist etwas Furchtbares geschehen. Ihm kommen Zweifel, ob er sie jemals wiedersehen wird.

Die Tage vergehen, die schlimmsten Tage im Leben des Herbert Schmidl. Die Ungewissheit zermürbt ihn. Er kann nicht mehr schlafen, immer wieder wacht er auf. Er hat Albträume. Er träumt von einem schwarz gekleideten Mann mit übergroßem Schlapphut. Das Gesicht des Mannes kann er durch den Schatten des Hutes nicht erkennen. Nur Simone, seine Toch-

ter, sieht er klar und deutlich. Der Mann schleift sie hinter sich her, Simone wehrt sich nicht. Ein riesiges Loch tut sich in der Erde auf, und Simone verschwindet darin. Dann reißt der Film, und Herbert erwacht schweißgebadet.
Den Traum dieser Nacht wird Herbert Schmidl nicht mehr vergessen. Er weiß, er hat seine Simone für immer verloren.

Eine Mutter kehrt zurück

Ein nasskalter Tag empfängt Simones Mutter in Regensburg. Es ist kein typisches Maiwetter. Die Natur hat sich offenbar ihrem Gemüt angepasst. Zu sehr ist ihr Körper geschwächt, ihre Seele zermartert. Sie hat nicht das Bedürfnis, mit jemandem sprechen zu wollen. Sie sucht die Einsamkeit ihres Zuhauses. Will allein sein mit ihren Gedanken, mit ihrer Trauer und Sorge. Nur ein kleiner Funke Hoffnung ist ihr geblieben, doch er genügt, um Kraft zu schöpfen. Sie wird auch hier in Deutschland nichts unversucht lassen, das Schicksal ihrer Tochter aufzuklären.
Fest entschlossen entscheidet sie sich, ihren Schmerz vor neugierigen Blicken zu verbergen. Sie will kein Mitleid. Sie hat keine Lust auf das Geschwätz der Leute: »Na, vielleicht hat Simone ja ihren Traummann kennen gelernt und deswegen das Treffen vergessen.«
Fast widerlich findet sie die Worte von Bekannten und Arbeitskollegen, die auf sie doch nur wie Beileidsbekundungen wirken. So nimmt sie den Kampf gegen die Ungewissheit auf. Sie geht zusammen mit ihrem geschiedenen Mann, dem Vater von Simone, zu den zuständigen Polizeibehörden ihrer Stadt. Beide sprechen kein Wort Englisch. Sie bitten die Beamten, bei ihren australischen Kollegen anzurufen.
Herbert Schmidl erinnert sich: »Als ich die Beamten bat, sich doch einmal in Australien zu erkundigen, ob etwas Neues über den Verbleib unserer Tochter bekannt sei, bekam ich als Antwort: ›Sie werden doch jemanden im Bekanntenkreis haben, der Englisch spricht. Bitten Sie doch diesen, für Sie in Australien anzurufen. Wenn wir über Ihre Tochter etwas Neues erfahren, werden wir Sie schon verständigen.‹«
Doch die Eltern Simones geben nicht auf, sie wenden sich an das Bayerische Landeskriminalamt, an das Bundeskriminalamt, ja sogar an den Bundespräsidenten. Wie es beiden dabei ergangen ist, erzählt Herbert Schmidl selbst in seinem Vorwort zu diesem Buch.

Herbert Schmidl liest aus einem Schreiben des Bayerischen Landeskriminalamtes an die Mutter Simones vom 16.04.1991 auszugsweise vor: »... Glauben Sie uns: die Polizei sieht nicht immer nur ›den Fall‹, sondern auch das menschliche Schicksal, das dahinter steht. Wir hoffen mit Ihnen, dass Simone bald wieder wohlbehalten bei Ihnen sein kann. Was wir dazu beitragen können, werden wir tun.« Herbert Schmidl ist heute verbittert: »Nichts als leere Worte, niemand von denen hat uns geholfen.« Die Schmidls setzen sich selbst mit den australischen Behörden in Verbindung. So schreiben sie an die Polizeidirektion in Melbourne. Und erhalten eine in deutscher Sprache abgefasste Antwort von dem zuständigen Detective Paul S. Hollowood.

HOMICIDE SQUAD
412 St Kilda Road
Melbourne 3004
Victoria,
AUSTRALIA

2nd May, 1991

Sehr geehrter Herr Schmidl!

Wir bedanken uns fur Ihren brief und zeitungs artikel von 11th April, 1991, herzlich.

Wir haben alles mogliche untersucht und kamen zu keinen ergebnis. Sie konnen versichert sein dass wir weiterhin an ihren fall arbeiten und versuchen zu einem resultat zu kommen, dammit sie, lieber Herr Schmidl, ruhe finden.

PAUL S. HOLLOWOOD
Detective Senior Sergeant
Homicide Squad
Melbourne, Victoria
AUSTRALIA.

SBS Radio

Fam. H. Schmidl

11.4.1991

Meine liebe Frau Schmidl,
sehr geehrter Herr Schmidl,

Ich habe Ihre beiden Schreiben erhalten, sowie den Inhalt der mit dem Schreiben von Frau Schmidl ankam.

Natuerlich wundere ich mich nicht ueber Ihr Anliegen, es ist doch selbstverstaendlich dass man in so einer Situation alles versucht. Die Plakate sind von mir in den Kirchen, den Klubs, dem Goetheinstitut, an den Universitaeten und Backpackers-Hostels verteilt worden. Ausserdem habe ich eine Kopie an die lokale Hilfsarmee geschickt. Man kann nur hoffen dass man ein Lebenszeichen von Simone erhaelt.

Den Artikel aus Brisbane habe ich untersucht und meine Erkundigungen gemacht. Die Fakten wurden von der Polizei bestaetigt, die ihre eigenen Investitionen fuehrt. Ich lege Ihnen einen weiteren diesbezueglichen Artikel bei.

Ich darf Ihnen den Vorschlag machen sich mit dem Generalkonsulat in Sydney oder der Botschaft in Canberra in Verbindung zu setzen. Behoerden dieser Art koennen und sollten diesen Fall untersuchen lassen. Wir werden uns nach wie vor bemuehen Ihnen in dieser schwierigen Lage zu halfen woimmer moeglich.

Ihnen alles Gute und beste Wuensche,

Ihre

Gerda Louch

Gerda Louch

THE AUSTRALIAN BALLET CENTRE, LEVEL 4, 2 KAVANAGH STREET, SOUTH MELBOURNE, VIC. AUSTRALIA. 3205
POSTAL ADDRESS: P.O.BOX 294 SOUTH MELBOURNE,VIC. AUSTRALIA. 3205
Telephone: (03) 612 2525 Fax: (03) 614 7496

Durch Freunde erhalten sie die Adresse des SBS Radios in Melbourne. Die Eltern ersuchen den Sender, ob es denn nicht möglich sei, ein öffentliches Plakat mit dem Foto ihrer Tochter in Umlauf zu bringen. Kurze Zeit später – am 11.4.1991 – bekommen sie Antwort. Auch hier schreibt man den leidgeplagten Eltern auf Deutsch.

Der Gang zur Bank wird zum Spießrutenlaufen. Fast täglich informieren sie sich bei der kontoführenden Bank von Simone, ob nicht doch vielleicht eine Abbuchung von ihrem Konto erfolgt ist. Das wäre ein Lebenszeichen und würde ein klein wenig Hoffnung bedeuten.
Doch der Drucker des Geldinstituts kennt keine Gnade. Er hat nur eine Antwort:

********* KEINE UMSÄTZE VORHANDEN *********

Herbert Schmidl geht zu dem Reisebüro, bei dem Simone den Flug gebucht hat. Ein internationales Unternehmen mit Filialen in München, Frankfurt, Regensburg und Miami. Er erkundigt sich, ob er den Rückflug, den Simone gebucht und nicht in Anspruch genommen hatte, zurückerstattet erhält. Herbert Schmidl fragt nach, weil er weiß, dass Simone eine Reiserücktrittsversicherung abgeschlossen hat. Er ist kein Versicherungskaufmann, sondern Busfahrer.
Nach fast einem Jahr erhält er die lapidare schriftliche Antwort: »Wir müssen Ihnen leider mitteilen, daß es nicht möglich ist, den Flugpreis für den Rückflug von Sydney nach Frankfurt zurückzuerstatten.
Bitte haben Sie für die lange Bearbeitungszeit Verständnis. Mit freundlichen Grüßen ...«

Hier verfährt man offensichtlich anders als in Australien. Nachdem das Verschwinden von Simone bekannt wird, erklärt sich eine australische Fluggesellschaft spontan bereit: »Sobald

Ihre Tochter aufgefunden wird, sind wir selbstverständlich bereit, Ihre Tochter kostenlos nach Deutschland zurückzufliegen.«

Nach fast zwei Jahren löst sie ihr Versprechen ein.

Zwei Familien suchen nach ihren Töchtern

Gill und Ray Walters saßen zu Hause in Wales und grübelten, wieso ihre Tochter Joanne plötzlich nicht mehr anruft. Sie können nicht verstehen, weshalb sie seit nunmehr zwei Wochen, seit Mitte März 1992, keine Nachricht mehr von ihr erhalten haben.
Woche um Woche vergeht, und die Walters werden immer unruhiger. Sie klammern sich an die abstraktesten Vorstellungen, warum ihre Tochter nicht anrufen kann. Es wird sich alles erklären, reden sich die Eltern ein. Ende Mai beschließt der Vater, zur Bank zu gehen, die das Konto von Joanne führt. Er will erfahren, aus welcher Stadt in Australien ihr Konto belastet worden ist. So würde man wenigstens wissen, in welcher Stadt sie sich aufhält. Die erschreckende Antwort des Bankangestellten: Seit dem 15. April habe es keinerlei Kontenbewegungen mehr gegeben.
Zur selben Zeit begannen sich auch die Eltern von Caroline Clark in Slaley in Großbritannien Sorgen um ihre Tochter zu machen. Doch so sehr sich Ian Clark auch bei den australischen Behörden nach dem Verbleib seiner Tochter Caroline erkundigte, er konnte keine konkreten Aussagen der Beamten erhalten.

Eines Abends klingelt das Telefon in dem noblen Haus der Familie Clark in der Grafschaft Northumberland. Seine Frau Jacqueline hebt den Hörer ab und ruft ihren Mann:
»Ein Herr Walters möchte dich sprechen«, vernimmt Ian Clark von seiner Frau und fragt verwundert: »Wer?«
»Ein Herr Walters«, ihre knappe Antwort.
»Kenne ich nicht, wer soll denn das sein?«
»Nun komm schon, er will dich sprechen«, und die Betonung lag auf dem Wort ›dich‹.
»Clark, mit wem spreche ich bitte?«
»Mit Ray Walters«, erfährt er aus dem Hörer.
Nun benötigt Ian Clark, ein großer stattlicher Mann mit Brille,

einen Stuhl. Nur mit Mühe konnte er den Anrufer verstehen, zu aufgeregt klang dessen Stimme. Er hört nur immer wieder den Namen seiner Tochter Caroline.
Zwischenzeitlich hat seine Frau mitbekommen, dass es bei dem Anruf um ihre Tochter geht, und so steht sie neben ihrem Mann und versucht mitzulauschen, was dieser Herr Walters zu berichten hat.
Dass seine Tochter Joanne in Australien spurlos verschwunden sei, erzählt er. Dass er seit Wochen kein Lebenszeichen mehr von ihr habe. Ray Walters berichtet von seinen unzähligen Anrufen bei den Menschen, bei denen seine Tochter gearbeitet hatte. Dass auch die Polizeistationen in Sydney den besorgten Eltern nicht helfen konnten. Dann hätten sie sich daran erinnert, dass ihre Tochter immer von einer Freundin mit Namen Caroline gesprochen hatte, die auch aus Großbritannien komme und mit der zusammen sie durch Australien gereist sei. Schließlich hätten sie von einem Farmer, der die beiden beschäftigt hatte, den Namen dieses Mädchens bekommen: Caroline Clark.
Erschüttert muss die Familie Clark zur Kenntnis nehmen, dass diese Familie in ebenso großer Sorge um deren Tochter ist wie sie selbst um ihre.

Die Familien Clark und Walters beschließen, gemeinsam vorzugehen und die englische Polizei von den vermissten Töchtern zu benachrichtigen. Sie erstatten eine Vermisstenanzeige, in der Hoffnung, über die Polizei in England eine Suchaktion in Australien auszulösen.
Doch nach Wochen des Wartens hält es Ray Walters nicht mehr in seiner Heimatstadt. Er beschließt, mit seiner Frau Gill nach Australien zu fliegen, um gemeinsam mit den örtlichen Polizeidienststellen nach ihrer Tochter zu suchen.
Doch auch die australische Polizei findet keine konkreten Hinweise. Man schaltet die Presse und das Fernsehen ein, zeigt Bilder des Mädchens. Schließlich bittet man die Eltern zu

einer Pressekonferenz. Die Bilder ihrer Tochter erscheinen nun in allen Tageszeitungen, mit nur einem Aufruf der Eltern: »Bitte helft uns, unsere Tochter zu finden.«
Ray und Gill Walters warten die Reaktionen auf die Presse- und Fernsehberichte gar nicht erst ab. Sie beginnen selbst zu recherchieren. Über Monate verbringt das Ehepaar in Australien. Sie durchstöbern jeden Winkel des Landes. Sie erkundigen sich in jeder noch so kleinen Polizeistation. Doch niemand hatte ihr Kind gesehen. Wo sie auch vorsprachen, bei den Farmern bei denen sie gearbeitet hatte, bei den Hotels, bei den Jugendherbergen, niemand wusste von dem Verbleib des Mädchens. Kein Krankenhaus hatte sie aufgenommen. Es ergab sich kein einziger Hinweis, der Hoffnung bedeutet hätte.
Enttäuscht und verzweifelt fuhren sie nach Sydney zurück.

Inzwischen hatten die Presse- und Fernsehberichte Wirkung gezeigt. Unzählige Hinweise gingen in der Zwischenzeit bei der Polizei ein.
So konnten Kommissar Scullion und seine Kollegen von der Kriminalpolizei in Sydney die letzte Unterkunft der Mädchen ermitteln. In einem westlichen Stadtviertel von Sydney hatten Joanne Lesley Walters und ihre Freundin Caroline Clark zuletzt gewohnt. Ein Zeuge sagte aus, dass die Mädchen ihm am 18. April erzählt hätten, dass sie an diesem Tag wieder auf »Tour« gehen würden. Sie sagten ihm, sie wollten mit dem Zug nach Liverpool zum traditionellen Treffpunkt aller Rucksacktouristen.
Nicht nur die jungen Leute, die hier in Neusüdwales leben, kennen diesen Ort, wo tagtäglich Rucksacktouristen eine Mitfahrgelegenheit in den Süden des Landes suchen. Liverpool liegt am Hume Highway. Der Hume Highway – auch »Backpacker Highway« genannt – ist eine mächtige Städteverbindung zwischen Sydney und dem 800 Kilometer entfernten Melbourne.
In der Nähe dieser Hauptverbindungsstraße verliert sich die Spur von Joanne Walters und Caroline Clark.

Die grauenhaften Funde im Belanglo State Forest

Wie das Urbild eines Teddybären wirkt der Koalabär mit seinen verschlafen aussehenden Knopfaugen, der kleinen Schnauze und der typischen Knubbelnase. Ganz gemächlich streicht er durch die Zweige eines Eukalyptusbaumes.

Der Belanglo Forest ist einer der sehenswertesten Staatsforste von Neusüdwales. Er liegt 150 km von Sydney und nur wenige Autominuten vom Hume Highway, der Hauptverbindungsstraße zwischen Sydney und Melbourne, entfernt. Der 37 000 Hektar große Mischwald aus Pinien und Eukalyptusbäumen ist nicht nur die Heimat des Koalas, sondern auch die Heimat

Das Eingangsschild zum Belanglo State Forest.

von unzähligen farbenprächtigen Papageien und Wellensittichen. Nicht zu vergessen der Leierschwanz, der auch »Australischer Meistersänger« oder »Spötter« genannt wird, denn er versteht es meisterlich, alle Geräusche des Busches nachzuahmen. Zwischen den graugrünen Graspolstern und den bis zu 45 Meter hohen Eukalyptusbäumen ist der Boden rot. »Rot wie das Blut und das Feuer der Erde«, sagen die Aborigines, die australischen Ureinwohner.

Unzählige Wanderer besuchen diesen Park, um die unendliche Stille der Natur zu genießen. So treffen sich auch am Samstag, dem 19.9.1992 zwei Freunde und machen sich auf den Weg zum Longare Fire Trail, einem der vielen Pfade, die den riesigen Wald durchziehen. Sie können sich nicht satt sehen an der Schönheit des Waldes, können nicht genug bekommen von der reinen sauerstoffhaltigen Luft. Plötzlich bleiben sie stehen, übelster Geruch durchdringt ihre Nasen.
»Na bestimmt wieder ein verendetes Tier«, nimmt der Jüngere der beiden an. Der süßliche Geruch wird immer stärker. Ihre Augen irren umher, doch sie können keinen Tierkadaver entdecken.
Sie gehen weiter. Hinter einem riesigen Eukalyptusbaum bleiben sie erneut stehen. Sie verstummen und sehen sich sprachlos an. Vor ihnen ist ein circa zwei Meter breiter und fünfzig Zentimeter hoher Laubhügel. Einige größere Zweige decken ihn ab.
Sie suchen sich einen Ast und beginnen das Laub auseinander zu stochern. Nach nur wenigen Sekunden machen sie die grausamste Entdeckung ihres Lebens. Sie haben die menschlichen Überreste eines Kopfes, eines Mädchenschädels mit langen dunklen Haaren, freigelegt. Erschüttert sehen sie sich an, und keiner der beiden will begreifen, was sie doch sehen.
Es vergehen einige schweigende Minuten, bis sie ihrer Sinne wieder mächtig sind. Dann verständigen sie die Polizei. Glücklicherweise hat einer der beiden ein Handy bei sich.

»Bitte kommen Sie schnell, wir haben eine Leiche gefunden«, stottert er in das Handy.
»Bitte beschreiben Sie genau, wo Sie sich befinden. Und bleiben Sie an der Stelle stehen, wir kommen sofort«, die Antwort der Polizei.
Doch in ihrer Aufregung gelingt es ihnen nicht, den genauen Standort zu beschreiben. So lässt sich der Polizeibeamte die Handynummer geben.
»Sobald wir im Belanglo Forest angekommen sind, rufe ich Sie wieder an«, teilt der Beamte dem Anrufer noch mit, und auch seine Stimme ist nicht mehr sicher.
Es ist gegen 16 Uhr, als die Beamten im Wald eintreffen. Dank des Handys hat man die beiden Wanderer schnell gefunden. Die Fundstelle wird weiträumig abgeriegelt. Einige Dutzend Beamte werden an den Fundort beordert. Die Spurensicherung macht sich an die Arbeit, und die übrigen Beamten suchen Zentimeter für Zentimeter die Umgebung ab. Als die Dunkelheit hereinbricht, bringt man die gefundenen sterblichen Überreste von der Fundstelle zur städtischen Gerichtsmedizin. Man beschließt, am nächsten Tag mit der Suche fortzufahren. Hektisch sucht man im Polizeirevier die Vermisstenmeldungen heraus, und man vermutet, dass es sich bei der gefundenen Leiche um die seit dem 30.12.1989 vermisste Australierin Deborah Everist handelt. Aus den Akten entnehmen die Beamten, dass sie nicht alleine, sondern mit ihrem Freund James Gibson unterwegs war. Sie sind daher sicher, in der Nähe der Fundstelle auch die Leiche ihres Freundes zu finden.
Und in der Tat – dreißig Meter von der ersten Fundstelle entfernt wird man erneut fündig. Auch hier wieder ein künstlich errichteter Laubhügel. Doch als man die darin verborgenen menschlichen Überreste freilegt, erkennt man, dass es sich bei dem Leichnam nicht um einen Mann handelt, sondern um eine entsetzlich zugerichtete junge Frau.
Die Gerichtsmedizin stellt fest, dass es sich bei den beiden Leichen um die von Joanne Walters, zweiundzwanzig Jahre alt,

und um die von Caroline Clarke, einundzwanzig Jahre alt, handelt.
Beide Frauen werden seit dem 18.4.1992 vermisst.

Die Obduktion im Gerichtsmedizinischen Institut von Sydney ergibt ferner:
Joanne Walters wurde sexuell missbraucht und mit 16 Messerstichen in die Brust getötet. Ein Stich wurde mit solcher Wucht ausgeführt, dass er den Leib durchdrang und die Wirbelsäule durchtrennte. Durch diesen Stich wurde die junge Frau körperabwärts gelähmt. Aufgrund der langen Zeitspanne, die zwischen dem Tod und dem Auffinden des stark mumifizierten Leichnames vergangen ist, konnte die genaue Todesursache nicht mehr festgestellt werden. Doch ein um den Hals des Mädchens geschnürtes Stoffband deutet darauf hin, dass sie zunächst zu Tode geknebelt wurde.
Auch Caroline Clark wurde sexuell missbraucht, sie starb an zehn Einschüssen in den Kopf, die ihr Gesicht fast bis zur Unkenntlichkeit zerfetzten. Der Gerichtsmediziner vermutet, dass der Kopf des wehrlosen Opfers mehrmals gedreht wurde. Aufgrund der Einschusskanäle nimmt er an, dass das Opfer offensichtlich als Schießscheibe benutzt wurde.

Weitere Leichenfunde

Es dauert über ein Jahr, bis man im Belanglo Forest weitere Opfer findet. Am 5.10.1993 entdeckt man die Gebeine von Deborah Everist, 19 Jahre alt, und von James Gibson, ihrem 19-jährigen Freund. Die beiden Australier wurden seit dem 30.12.1989 vermisst. Beide kamen durch Messerstiche ums Leben.
Am 1.11.1993 findet man die Leiche einer deutschen Urlauberin. Simone Schmidl, 21 Jahre alt, war seit dem 20.1.1991 als vermisst gemeldet. Auch sie wurde durch Messerstiche getötet. Nur drei Tage später, am 4.11.1993, gibt der Belanglo Fo-

rest zwei weitere Leichname frei. Zwei weitere Opfer aus Deutschland: Anja Habschied, 20 Jahre alt und Gabor Neugebauer, 21 Jahre alt. Beide wurden seit dem 26.12.1991 vermisst. Der Gerichtsmediziner gibt als Todesursache bekannt: Anja Habschied wurde enthauptet. Gabor Neugebauer wurde durch sechs Schüsse in den Kopf getötet.

Die Toten machen unwiderruflich klar: Hier in diesem Naturpark befand sich die Spielwiese eines perversen Serienkillers. Im Umkreis von nur wenigen Kilometern errichtete er seine Gruselgräber. Er setzte Denkmäler der grausamsten Art. Alle zwei Meter lang und fünfzig Zentimeter hoch. Schnell zusammengeraffte Blätter und Zweige wurden zum Leichentuch des Unvorstellbaren. Über Jahre kann er seine perversen Neigungen befriedigen. Er tötet fünf junge Frauen und zwei Männer. Die jungen Männer werden vermutlich gezwungen, ihm bei seiner abartigen Lust an den Frauen zuzusehen. Durch vorgehaltene Waffen haben diese Männer keine Chance, ihren Begleiterinnen zu Hilfe zu kommen. Es bereitet ihm Spaß, seine Macht zu demonstrieren. Das Gefühl zu haben, diese wehrlosen Frauen zu beherrschen. Ihren Körper in Besitz zu nehmen. Wie ein Feldherr zu bestimmen, was diese Körper zu erdulden haben.
Er kennt keine Gnade, er kennt nur Hass. Unzählige Male sticht er mit einem Messer auf die Mädchen ein, in einigen Fällen durchtrennt er das Rückenmark, so dass seine Opfer gelähmt werden. Oder er benutzt ihre Körper als Zielscheibe und feuert unzählige Schüsse auf ihren Kopf.
Einem Opfer, einer jungen Frau, trennt er den Kopf ab. Er wurde bis heute nicht gefunden. Neben den Gräbern liegende Zigarettenstummel geben Aufschluss, wie lange sich dieser Mensch an der Qual der Opfer vergnügt hat.
Mütter und Väter brechen mit einem Schock zusammen, als sie erfahren, was man ihren Kindern angetan hat. Dabei versucht die Polizei, die Angehörigen von den grausamen Einzelheiten zu verschonen. Das ist gut so, wie sollten sie je in ihrem Leben

Die Suche nach den Opfern.

damit fertig werden, was man denen angetan hat, die das Liebste in ihrem Leben waren.

Vieles haben die ermittelnden Beamten in ihrer Tätigkeit bei den Mordkommissionen gesehen und erlebt, doch diese Fälle sprengen alles bisher da gewesene. Längst hatte sich aus den fähigsten Männern, die dieses Land zu bieten hatte, eine Sonderkommission gegründet. Die Task Force unter Leitung von

Detective Bob Goddon hatte den Kampf aufgenommen. Goddon war fest entschlossen, diesen Serienkiller festzunehmen und für das Ende seiner Tage hinter Gitter bringen. Längst hatte man einen Namen für ihn gefunden. Man nannte ihn den »Schlächter vom Belanglo Forest«. Doch noch wusste man nicht, waren es ein oder zwei Täter, die diese jungen Menschenleben auf dem Gewissen hatten.

Die Bevölkerung Australiens war aufgeschreckt und verängstigt. Die Presse, die ständig über die Ermittlungen informiert wurde, forderte Aufklärung. Fernsehreporter flogen zu den Angehörigen der Opfer um die ganze Welt. Fast täglich waren die Zeitungen voll mit Berichten über diese Taten, die ganz Australien in Aufruhr versetzten. Fernsehanstalten lieferten ihren Zuschauern ausführliche Dokumentationen der Morde.
Für Hinweise, die zur Ergreifung des Täters führen, wurde eine Belohnung von 500.000 A$ ausgesetzt. Noch nie in der Geschichte Australiens hatte man eine derart hohe Belohnung geboten.
Niemals zuvor hatte man solch aufwendige Ermittlungen durchführen lassen wie in diesem Kriminalfall. Denn nicht nur Journalisten flogen nach England und Deutschland, auch die Polizei war um den Erdball geflogen, um noch so kleine Beweise zusammentragen zu können. Man fand den bloßen Schriftwechsel nicht ausreichend, man wollte vor Ort sein. Es gab nur ein Ziel: *dieses Land von einem Jünger Satans zu befreien.*

Ein junger Engländer durchstreift Australien

Die brütende Hitze macht dem 24-jährigen englischen Ingenieur Paul Onions zu schaffen. Hastig trinkt er eine Cola vor einem kleinen Kiosk am Hume Highway. Der freundliche, 1.68 m große Mann ist mit dem Rucksack unterwegs. Er kam mit dem Zug von Sydney nach Liverpool, um von hier Richtung Melbourne zu trampen. Doch heute wollte keiner der Vorbeifahrenden anhalten, um ihn mitzunehmen. Alles Lächeln, seine freundliche Art, die ihn sonst immer weiterbrachten, waren heute vergebens. Es schien, als hätten sich alle Autofahrer gegen ihn verschworen. Resigniert wendet er sich dem Kiosk zu und betrachtet die ausliegenden Zeitungen. »Über alles wird berichtet«, stellt er ein wenig verärgert fest, »nur nicht über die Ergebnisse meines Fußballvereines in England.« »Vielleicht besser so«, denkt er schmunzelnd, »die verlieren sowieso wieder.«
In Gedanken an seine Heimat versunken, merkt er nicht, dass ein schwerer Geländewagen vor dem Kiosk hält. Der Fahrer steigt aus, bestellt sich ein Getränk und stellt sich direkt neben Paul.
Onions will gerade wieder zum Fahrbahnrand gehen, als ihn der Mann anspricht: »He Kumpel, hält wohl keiner?«
Onions wendet sich dem Mann zu und stellt verblüfft fest, dass er den Mann aus der Zeitung und aus dem Fernsehen kennt. Er ist davon überzeugt, dass es sich um Merv Hughes handelt, den berühmten australischen Kricketspieler. Plötzlich seinem sportlichen Idol gegenüberzustehen, wann kommt das schon vor?
»Nein, heute will gar nichts klappen, ich stehe schon verdammt lange hier«, bringt er verlegen hervor, »ich weiß auch nicht, weshalb mich heute keiner mitnehmen will.«
»Wo willst du denn hin?« fragt der Fremde.

»Nach Mildura!«
»So so, nach Mildura. Na so weit fahre ich nicht, aber ein Stück kann ich dich schon mitnehmen«, sagt er und deutet auf seinen Geländewagen.
»Na so ein Glück«, stellt Paul fest und nimmt sein schweres Gepäck auf und geht zum angedeuteten Wagen.
»Moment, meine Cola musst du mich schon noch austrinken lassen«, und dabei hält der Fremde seine halb volle Flasche in die Höhe.
»Ja natürlich, Entschuldigung, das habe ich nicht gesehen«, sagt Paul und lacht den freundlichen Mann an. »Sind Sie nicht Merv Hughes der berühmte Kricketspieler?« fragt er schüchtern. Sein Gegenüber lacht laut auf und schüttelt den Kopf.
»Nein nein, so berühmt bin ich nicht. Ich hoffe, du fährst trotzdem mit mir mit. Übrigens, ich heiße Bill«, und dabei streckt er ihm die Hand entgegen.
»Ja natürlich, vielen Dank. Aber ich dachte wirklich, Sie sind der bekannte australische Sportler. Die Ähnlichkeit ist wirklich frappierend.«
Bill öffnet den Kofferraum und hilft dem Fremden beim Einräumen des Gepäcks. Dann steigen sie ein und fahren los. Immer wieder muss Paul seinen neuen Weggefährten betrachten. Zu groß ist die Ähnlichkeit mit dem Sportler. Die kräftige Figur, der große Schnurrbart und die dunklen schwarzen Haare. Alles passte.
»Tolle Klimaanlage haben Sie«, sagt Paul und versucht, eine neue Unterhaltung in Gang zu bringen.
»Die benötigt man hier auch in Australien, bei dieser verdammten Hitze«, stellt Bill fest. »Dieses Problem habt ihr ja in England nicht.«
»Nein, ganz sicher nicht«, antwortet Paul.
»Dafür habt ihr ja andere Probleme.«
»Welche?« will Onions wissen. Er kann nicht verstehen, was Bill damit meint.
»Was ihr da mit den Nordiren macht, finde ich gelinde gesagt

mehr als skandalös. Dafür habe ich nun gar kein Verständnis.«
»Nun, ich auch nicht«, lügt Paul und versucht, das Gespräch wieder auf ein anderes Thema zu lenken. Doch es gelingt ihm nicht. Immer wieder kommt Bill auf das Thema zurück, und sein Wagen wird immer langsamer.
»Dafür haben wir aber die besten Fußballer der Welt. Naja, sagen wir fast die besten«, erwidert Onions, um endgültig das Thema zu wechseln.
»Du brauchst nicht abzulenken«, erwidert Bill. Er besteht darauf, dass das Gespräch zu diesem Thema fortgeführt wird. Bill wird immer ernster und seine Gesichtszüge dunkler. Onions kann nicht einordnen, was dieser Mann plötzlich von ihm will. Er war doch nicht in dieses Land gekommen, um zu politisieren. Nicht einmal in seiner heimatlichen Stammkneipe konnte er es leiden, wenn seine Freunde sich die Köpfe über Politik heißredeten.
Paul ist mittlerweile fest entschlossen, bei der nächsten sich bietenden Gelegenheit auszusteigen, bevor dieser Mann noch aggressiver würde. Bill verlangsamt seinen Wagen immer mehr, und Paul überkommt ein Gefühl der Angst, vor diesem sich so plötzlich verändernden Bill.
»Warum fährst du denn so langsam, ist was defekt an deinem Wagen?«, will er wissen.
»Nein nein, der Radioempfang wird plötzlich so schlecht, ich hole ein paar Kassetten«, ist Bills Antwort, und dabei stoppt er seinen Wagen abrupt.
Paul Onions sieht Bill ungläubig an, und sein Blick schweift zu der Ablage zwischen den Sitzen, in der sich mehrere Kassetten befinden. Er ist froh, aussteigen zu können, dabei behält er den Fahrer im Blickfeld. Er hat ein ungutes Gefühl.
Seelenruhig geht Bill wieder zur Fahrertür, steigt ein und fordert auch Paul auf, das Gleiche zu tun. Mit lauem Gefühl im Magen steigt Paul ein, als er sieht, wie Bill unter seinem Sitz etwas hervorzuholen sucht. Bevor er sich versieht, blickt er in den Lauf eines Revolvers und hört auch schon Bills drohende

Worte: »Das ist ein Überfall, rück dein Geld raus, aber plötzlich!«
Während er die Pistole auf Paul richtet, nimmt Bill eine Tasche aus dem Seitenfach, und Paul sieht eine Kordel herausbaumeln. Trotz vorgehaltener Pistole öffnet er seinen Gurt und springt aus dem Wagen.

Ein Kampf auf Leben und Tod

Stolpernd versucht er zu fliehen, sich der Gefahr zu entziehen. Inzwischen ist auch Bill aus dem Wagen gesprungen und nimmt die Verfolgung auf.
»Bleib stehen oder ich schieße«, hört Onions noch, als auch schon ein Schuss fällt. Er glaubt getroffen zu sein, denn er stürzt zu Boden. Er will sich gerade wieder aufrappeln, da spürt er Bill über sich. Onions dreht sich um und packt seinen Widersacher am Hemdkragen. Die Angst verleiht im unbändige Kraft, er bringt diesen muskulösen Mann im Gerangel unter sich. Die beiden wälzen sich am Boden. Paul kämpft um

In diesem Wagen nahm Bill Paul Onions als Anhalter mit.

sein Leben. Er reißt sich los. Er rennt so schnell er nur kann zur Fahrbahn zurück und schreit um Hilfe.
Er sieht einen Kleinbus kommen, stellt sich auf die Fahrbahn und breitet hilfesuchend seine Arme aus. In letzter Sekunde kann der Wagen bremsen. Onions springt zur Fahrertür und bettelt um sein Leben: »Bitte helfen Sie mir, ich wurde überfallen und angeschossen. Bitte, bitte lassen Sie mich einsteigen.«
»Gehen Sie von meinem Wagen weg. Haben Sie gehört?« vernimmt er aus dem Fahrerfenster.
Paul Onions traut seinen Ohren nicht. Warum will man ihm nicht helfen. Angstvoll blickt er in die Richtung, aus der er gekommen ist. Bill könnte jeden Moment auftauchen. Er sieht ihn nicht, doch er weiß, er kann nicht weit entfernt sein, und er hat eine Waffe.
Er bettelt darum, in das für ihn rettende Fahrzeug steigen zu dürfen. Er fleht geradezu um sein Leben. Unsägliche Angst überkommt ihn, und man merkt sie ihm an.
»Steigen Sie ein, schnell«, vernimmt er, und schon hechtet er mit einem Sprung in die sich öffnende Schiebetür in der Mitte des Wagens.«
»Danke, vielen Dank«, stammelt er und blickt in die Augen von zwei Frauen und fünf Kindern.
Die beiden Frauen sind Joanne Berry und ihre Schwester. Joanne war mit ihrer Schwester und den Kindern unterwegs, sie hatten das Gerangel der Männer zum Teil beobachten können. Sie wollte helfen, aber sie hatte Angst um die Kinder. Wer mag es ihr verdenken.
Paul Onions blickt aus dem Autofenster und sieht Bill auf das Auto zurennen. »Bitte fahren Sie los, sonst erschießt er uns alle«, fleht er die Fahrerin an.
Die Fahrerin ist der Situation nicht mehr gewachsen, sie legt vor Aufregung den Rückwärtsgang ein und verfehlt um ein Haar eine Begrenzungsmauer. In letzter Sekunde bringt sie den Wagen noch unter Kontrolle. Sie tritt das Gaspedal durch bis zum Anschlag. Die Reifen quietschen, das Fahrzeug schlin-

gert, und wie durch ein Wunder behält sie den Überblick. Einige Kilometer fährt sie wie in Trance, bis ihre Nerven sich zu beruhigen beginnen, sie wieder die Herrschaft gewinnt über ihr Fahrzeug und über ihre Fahrgäste.

Geradewegs steuert sie das Polizeirevier in Bowral an, um den Vorfall zu melden.

Paul Onions begann, das Vorgefallene detailliert zu schildern, doch der Polizeibeamte fand es nicht der Mühe wert, ein ausführliches Protokoll aufzunehmen. Er notierte sich die Namen und quälte die alte Schreibmaschine gnädigerweise noch mit dem Datum des Vorfalls. »Donnerstag, den 25. Januar 1990« schreibt der Beamte unter das nur zehn Zeilen lange Protokoll. Eine Nachlässigkeit, die mit an Sicherheit grenzender Wahrscheinlichkeit einigen jungen Menschen das Leben gekostet hat.

Die Ermittlungen nehmen eine überraschende Wende

Viele Monate waren vergangen seit dem Tag, an dem die letzten Toten im Belanglo Forest gefunden wurden. Und noch immer war kein Täter gefasst. Die Bevölkerung wurde unruhig, forderte Erfolge von dem gegründeten Sonderdezernat.
Doch alle Ermittlungen zur Ergreifung des Täters verliefen im Sande. Man trat auf der Stelle. Dem Hinweis eines Polizeibeamten, der zwei Engländerinnen aus einem weißen VW-Bus in der Nähe des Belanglo Forest aussteigen sah, galt das Hauptaugenmerk der Ermittler. Landesweit wurden alle Inhaber eines solchen VW-Busses überprüft. Erfolglos.
Man hatte die Leichen der Opfer, doch keinerlei konkrete Hinweise auf eine verdächtige Person. Man war sich sicher, der Täter musste aus der Umgebung sein. Zu tief im Wald wurden die Leichen aufgefunden, als dass man hätte annehmen können, dass sie von einem Fremden abgelegt worden wären. Weiter stellten die Beamten fest, dass der Täter nur mit einem Geländewagen die Fundorte hätte erreichen können. Doch auch die Suche nach Haltern eines solchen Fahrzeugtyps führte zu keinen neuen Erkenntnissen.

Einem Holzsammler war es zu verdanken, dass neue Spuren auftauchten. Der 40-jährige Mann geht in den Belanglo Forest, um Brennholz zu sammeln, so wie er es seit Jahren getan hat. Er findet Strandschuhe und Kleidungsstücke. Er verständigt die Polizei.
In einer erneuten Suchaktion, an der über 40 Polizisten teilnehmen, wird der Forst Zentimeter für Zentimeter durchkämmt, und schon bald kann man Erfolge aufweisen. Weitere Kleidungsstücke werden gefunden. Unweit der Fundstellen der Leichen entdeckt man nun Patronenhülsen und weitere

Spuren, die auf den ersten Blick mit den Opfern in Verbindung gebracht werden können.
Eine vernichtende Pressemitteilung jagt die andere. »Warum musste erst ein Holzsammler diese Beweisstücke finden?«, schrieben die Illustrierten. Warum hatte man eine weiträumige Durchsuchung des Forstes nicht bereits viel früher durchgeführt? Fragen über Fragen, die sich das Sonderdezernat von den Journalisten der Zeitungen und Fernsehstationen gefallen lassen musste.

Nun kam wieder Schwung in die Ermittlung dieses Falles. Man hatte Beweisstücke, doch noch lange keinen Täter. Noch einmal kramte man alle Akten von einschlägig Vorbestraften aus den Regalen.

Für Paul Onions war längst wieder der Alltag in seiner Heimat eingekehrt. Bis er Monate später in der Zeitung liest, dass man in Australien junge Rucksacktouristen ermordet aufgefunden habe und fieberhaft nach dem Täter fahnde. Erschrocken entnimmt er dem Artikel, dass die Opfer allesamt im Belanglo Forest aufgefunden wurden. Von diesem Augenblick an glaubt er im fernen England den Täter zu kennen. »Dieser Bill«, fährt es ihm durch den Kopf, und er beschließt, die Polizei in Australien aufgrund seiner Vermutung zu verständigen.
Er ruft bei einer Polizeistation in Sydney an und schildert noch einmal ausführlich den Vorfall, den er am Hume Highway erlebte. Der Beamte bedankt sich, nimmt Onions Adresse und Telefonnummer auf und teilt ihm mit, dass man ihn umgehend zurückrufen werde.

Ein ernster Verdacht

Inzwischen zeichnet sich beim Aktenstudium von älteren, etwa gleich gelagerten Fällen immer mehr ein Tatverdächtiger ab. Man wird aufmerksam auf einen lange zurückliegenden

Fall. Zwei Mädchen wurden damals in der Nähe des Belanglo Forest angegriffen, eines von ihnen sogar vergewaltigt. Dieser Fall wurde im Jahre 1971 auch gerichtlich verhandelt, doch der Täter wurde freigesprochen. Sein Name: Ivan Milat.
Man nimmt sich die Akte genauer unter die Lupe und findet die Aussage von einer der beiden Frauen sehr bemerkenswert. Greta Pierce, die Ivan Milat in dem Prozess wiedererkannt haben wollte, hatte ausgesagt: »Ich bin mir sicher, dieser Mann wird morden! Als es geschah, habe ich mich so hilflos gefühlt wie noch nie in meinem Leben. Ich habe noch nie so wenig Kontrolle über mein Leben gehabt wie in diesen Minuten. Ich dachte, ich müsste sterben. Es war schrecklich.« Ivan Milat gerät immer mehr in den engen Kreis der Verdächtigen. Unter all den Hinweisen aus der Bevölkerung, die man nun aus einer ganz neuen Perspektive sieht, taucht immer öfter dieser Name auf. Man beginnt, sich für ihn zu interessieren.
Man fragt bei seinen ehemaligen Arbeitskollegen nach, und die wissen einiges zu berichten. Alle sind sich einig, Ivans Leidenschaft gehört seiner Harley-Davidson, seinem Geländewagen und seinen Gewehren.
Eine ehemalige Arbeitskollegin Milats gibt zu Protokoll:
»Milat machte mir eines Tages ein seltsames Angebot. Er sagte: Wenn du deinen Alten los haben willst, musst du es mir nur sagen. Kein Problem. Für fünfzig Dollar blase ich ihn dir schnell um. Wenn du das Geld nicht hast, leihe ich es dir, oder du zahlst es bei mir ab. Dabei sah er mir eindeutig auf den Busen.«
Als die Polizei die Geschichte einem anderen ehemaligen Kollegen Milats, sein Name ist Phil, erzählt, sagt er aus:
»Wundert mich nicht. Ivan hatte zwei Gesichter. Eines davon war dunkel und böse. Ivan hat eine Leidenschaft für Gewehre, und er besitzt sehr viele davon. Wenn wir uns Sexhefte anschauten, blätterte er lieber in Waffenkatalogen. Ich war einmal, es war Weihnachten 1989, bei ihm zu Hause, und er zeigte mir ein großes Messer. Auf der Klinge konnte man getrockne-

tes Blut erkennen. Als ich fragte, ob er denn beim Jagen war, lachte er nur und sagte: ›Damit habe ich ein Mädchen getötet! Es ist das Blut von einem Mädchen, das ich durch einen Stich außer Gefecht gesetzt habe.‹ Ich war so erschrocken, dass ich ihn nie mehr wieder besuchte. Ich habe mich seit diesem Vorfall von ihm fern gehalten.«

Ivan Milats kriminelle Karriere

Wir sind im Jahr 1974. Ein exklusiver Geländewagen, ein weißer Nissan 4x4 Patrol mit dunklen Thermofenstern fährt den Highway von Queensland Richtung Sydney entlang. Lässig den Arm auf das Seitenfenster gelehnt, hält der Fahrer Ausschau nach jungen Mädchen. Er sieht gut aus, sein schwarzer Schnauzer verleiht ihm einen sinnlichen Mund. Die stahlblauen Augen, die tiefschwarzen Haare und der große Wagen lassen die Herzen der jungen Mädchen höher schlagen. Er winkt ihnen zu, lächelt sie an, doch er hat keine Zeit, er ist in Eile.

Dieses Lächeln, das er den Mädchen zuwirft, ist gespielt. Sein Blick ist ständig auf den Rückspiegel gerichtet, und er ist darauf bedacht, die Geschwindigkeitsbegrenzungen genauestens einzuhalten. Er will unbedingt vermeiden, in eine Polizeistreife zu geraten, denn er ist auf der Flucht. Es ist Ivan Milat, der von der Polizei seit 1971 – das ist nun über zweieinhalb Jahre her – gesucht wird. Man wirft ihm bewaffnete Überfälle und schweren Raub vor, begangen mit seinem Bruder Mike, der seit dieser Zeit im Gefängnis einsitzt.

Der Wagen, den er fährt, ist registriert unter dem Namen seines Bruders Michael Gordon Milat, der ihm wie ein Zwillingsbruder ähnelt. Auch der Führerschein, den er bei sich trägt, ist der seines Bruders. Er ist schon in einige Kontrollen der Polizei geraten, doch sein Bruder, mit dessen Führerschein er sich dabei ausweist, ist ein unbeschriebenes Blatt. Deshalb gelingt es ihm immer wieder, den Klauen der Justiz zu entkommen.

Niemals über all die lange Zeit war er in der Nähe seines Wohnsitzes gesehen worden. Milat tauchte in Neuseeland und in den Großstädten unter, wo man ihn nicht kannte. Sein Ziel an diesem Tag lässt ihn alle Vorsicht vergessen. Nie hätte er diese Fahrtroute genommen. Nie wäre er das Risiko eingegangen, entdeckt zu werden, wenn nicht seine Mutter Margaret ins Krankenhaus eingeliefert worden wäre.

Ivans Mutter Margaret Milat, mit ihrem jüngsten Sohn David-John.

Sie liegt im zehnten Stock des Krankenhauses, und die Ärzte vermuten, dass sie nicht mehr lange zu leben hat. Ihre Hüften sind durch die jahrzehntelange schwere Arbeit schwer geschädigt, und ihr Herz bereitet ihr große Probleme. All ihre Kinder und Enkel haben sich an ihrem Krankenbett versammelt, nur Ivan fehlt. Niemand glaubt, dass er es wagen würde, seine Mutter an diesem Tage zu besuchen. Doch sie sollten sich irren.
Unter den Besuchern am Krankenbett der Mutter befindet sich auch Milats Bruder Boris mit seiner Frau und seiner Tochter Lenes. Er ist froh, dass Ivan nicht im Krankenhaus aufgetaucht ist. Die ganze Familie weiß, dass Ivan mit der Frau seines Bruders Boris ein Verhältnis hatte, und hinter vorgehaltener Hand munkelt man, dass Lenes das Kind von Ivan ist. Boris hatte es als sein eigenes anerkannt, obwohl er in der Zeit, als das Kind gezeugt wurde, im Gefängnis saß. Dafür hasste er seinen Bruder.

Plötzlich öffnet sich die Türe des Krankenzimmers, und Ivan erscheint. Er bleibt in der weit geöffneten Türe stehen und lächelt seine Mutter an, als wollte er sagen: »Siehst du, ich bin doch gekommen!« Es dauert einige Zeit, bis er auch die anderen Besucher begrüßt. Die Türe zum Krankenzimmer braucht er nicht mehr zu schließen, das erledigt sein Bruder Boris, der zusammen mit seiner Frau den Raum verlässt. Ivan selbst nimmt dies jedoch nicht zur Kenntnis, er ist viel zu sehr mit seiner kranken Mutter beschäftigt. Er lässt alle Vorsicht außer Acht. Es interessiert ihn nicht, ob ein Arzt oder eine Krankenschwester das Zimmer betritt und ihn erkennen könnte. Er will nur seine kranke Mutter in den Armen halten, die immer für ihn da war.
Niemand der Anwesenden sieht aus dem Fenster, die Geschwister haben nur Augen für ihren Bruder Ivan. So sieht niemand, wie ein riesiges Polizeiaufgebot das Krankenhaus umstellt. Unzählige Streifenwagen versperren die anliegenden

Straßen. Selbst Scharfschützen werden an den Ausgängen des Krankenhauses postiert. Man will sichergehen, dass der Gesuchte nicht entfliehen kann.
Ivan Milat wird festgenommen und im Dezember 1974 für nicht schuldig befunden, die ihm zur Last gelegten Raubüberfälle begangen zu haben.

Ivans Kindheit und Jugend

Ivan Milat war es immer wieder gelungen, durch die Maschen des Gesetzes zu schlüpfen. Die Kautionszahlungen seiner Familie und das geschickte Taktieren seiner Anwälte halfen ihm jedes Mal aus der Klemme. So lebte Ivan Milat durch seine Straftaten finanziell stets auf großem Fuß, war aber auch ständig kurz davor, im Gefängnis zu landen. Über Jahre benutzte er die Ausweise seines Bruders, fuhr schnelle Autos, und wenn ihm das Pflaster zu heiß wurde, tauchte er in Neuseeland ab. Seine Eltern waren stets davon überzeugt, die Polizei sei Ivan nicht gut gesonnen, deshalb mache sie aus ihm einen Kriminellen. Für sie war er unschuldig.
In Moorebank, nahe Sydney und dem nur wenige Kilometer entfernten Hume Highway, stand Ivan Milats Elternhaus. Es war ein kleines, bescheiden wirkendes Holzhaus, nur ein Stockwerk hoch, aber mit riesigem Vorgarten und altem Baumbestand.
Zehn Jungen und vier Mädchen gebar Margaret Milat im Laufe ihres Lebens. Ihr Mann, zunächst am Hafen beschäftigt, verdiente durch seine vielen Überstunden sehr gut. Als er diesen Job aufgab, musste er kleinere Hilfsarbeiten annehmen und konnte die Familie nur mehr mit Mühe und Not ernähren. Dann versuchte er sich als Farmer und legte eine Tomatenplantage an. 1956, er war damals 54 Jahre alt, wurde die gesamte Ernte gestohlen, und die Familie stand vor dem Ruin. Nur seinem Fleiß und seinem unbändigen Willen war es zu verdanken, dass die Familie wieder Boden unter den Füßen erhielt.

Sohn Ivan sah seinem Vater sehr ähnlich, vielleicht schenkte die Mutter deshalb gerade ihm ein wenig mehr Aufmerksamkeit als seinen Geschwistern. Doch schon sehr schnell stellte sich heraus, welche Probleme dieser Junge seinen Eltern noch bereiten sollte. Ivan Milat hatte schon als Heranwachsender einen sehr schlechten Ruf. Ein Mitschüler weiß später zu berichten:

»Ich hatte Angst vor dem Kerl. Es war schon fast Terror, den er verbreitete. Er hatte irgendetwas Böses in sich. Und ich wusste, dass die Geschichte noch etwas Böses für ihn bereithält. Ich wurde von Ivan sehr oft grundlos geschlagen. Milat ging es nicht um kleine Plänkeleien auf dem Schulhof, er wollte mich richtig verletzen. Milat war nicht schlecht, sondern böse.«

Mit fünfzehn Jahren verließ Ivan die Schule und begann zu arbeiten, um seine Familie unterstützen zu können. Doch er arbeitete nicht nur hart, auch seine kriminelle Energie begann zu wachsen. Mit einem seiner Brüder dringt er in eine Bank ein. Ivan steuert den Wagen, sein Bruder verübt den bewaffneten Banküberfall. Er ist stolz darauf, das Fluchtauto steuern zu dürfen. Die Situation habe ihn fasziniert, erzählte er später einem Freund.

Auch sein Interesse an Waffen nahm immer skurrilere Formen an. Wo er Waffen entwenden konnte, besorgte er sie sich. Eines Tages kommt er in den Besitz eines großkalibrigen Gewehrs, einer Muskete. Es besitzt eine Durchschlagskraft, die einen Menschen zerfetzen kann.

Immer öfter trug er Cowboykleidung und gab sich als harter Mann. Zu einer Freundin sagt er, er sei wie Al Capone. Furchtlos und unerschrocken.

Vergewaltigung auf dem Hume Highway

Die folgende Episode zeigt nicht nur, welch unvorstellbares Glück Ivan Milat bei seinen Straftaten hatte, sie belegt auch eindringlich, wie skrupellos dieser Mann ist.

Auf dem Hume Highway waren zwei junge Tramperinnen, Greta und Margaret unterwegs. Ivan hielt an und nahm sie in ihrem Wagen mit. Plötzlich fuhr er vom Highway ab. Nach nur wenigen Metern hielt er den Wagen an und verlangte von beiden Sex. Die Mädchen waren so verängstigt, dass sie kein Wort sagen konnten.
Plötzlich schrie er die Mädchen an: »Ich will Sex, habt ihr verstanden? Wenn ich nicht wenigstens mit einer Sex haben kann, werde ich euch beide töten.«
Als noch immer keine Reaktion der Mädchen zu spüren war, packte er Greta, die neben ihm saß, an den Händen und warf sie aus dem Wagen. Dann hielt er Margaret das Messer an den Hals und forderte sie auf, sich neben ihre Freundin zu legen. Er holte Stricke aus dem Wagen und fesselte sie. Plötzlich sprang er auf und fragte die Mädchen, wer denn nun als Erste bereit wäre. Doch noch bevor die Mädchen antworten konnten, ergriff er Margaret und verging sich an ihr. Dabei würgte er das Mädchen unentwegt. Greta konnte sein Gesicht sehen, immer wieder sah sie ihn an, während er ihre Freundin vor ihren Augen vergewaltigte.
Dann zwang er die beiden Mädchen, wieder zum Wagen zu gehen, und fuhr seelenruhig mit ihnen weg. »Im Auto wurde Ivan dann sehr wütend, da wir ihn ständig schweigend ansahen«, wussten die später vor Gericht zu berichten. Margaret musste sich übergeben und beschmutzte sein Auto, was Ivan noch wütender machte. Als Margaret ihn bat, anzuhalten, damit sich die Mädchen eine Cola kaufen könnten, hielt Milat doch tatsächlich an einer Tankstelle an und ließ Margaret aussteigen. Margaret lief in das Geschäft und sagte zu den Verkäufern in voller Aufregung: »In diesem Auto sitzt ein Mörder, er hat uns vergewaltigt und will uns töten. Bitte helfen Sie uns.«
Die Leute im Geschäft umzingelten den Wagen und riefen die Polizei. Doch Milat startete seinen Wagen einfach durch, und die Helfer rettete nur ein schneller Sprung zur Seite. Erst eine Straßensperre brachte ihn wieder zum Stehen.

Ivan Milat wurde festgenommen und der Vergewaltigung angeklagt. 1971 bekam Ivan seinen Prozess. Sein Anwalt konnte die zwei Aussagen der Mädchen in Zweifel ziehen. Er überzeugte das Gericht davon, dass die Aussagen der Mädchen den wirklichen Tathergang nicht realitätsgetreu schildern. Milat erklärte, die Mädchen hätten sehr wohl gewollt, dass er mit ihnen Sex habe. Gewalttätig sei er dabei nie gewesen. Das Gericht hielt Ivan Milat für unschuldig, das ihm vorgeworfene Verbrechen begangen zu haben, und er konnte als freier Mann das Gerichtsgebäude verlassen.

Milats Verbrechen werden aktenkundig

Im Zentralregister der Justiz finden sich zu Ivan Milat folgende Eintragungen:

1962: Der 17-jährige Ivan Milat wird wegen Einbruch und Diebstahl zu sechs Monaten Haft in einer Jugendstrafanstalt verurteilt.

1964: 18 Monate Gefängnis wegen Einbruch und Diebstahl.

1965: Milat wird von der kleinen Strafkammer des Gerichts in Liverpool wegen Diebstahl eines Motorrads zu zwei Jahren Gefängnis verurteilt.

1971: Verurteilung wegen Vergewaltigung und gefährlichen Fahrens, kurze Zeit nach seiner Verhaftung auf Kaution freigelassen.

1971: Im August wird Milat festgenommen wegen bewaffneten Raubüberfalles auf eine Bank und ein Geschäft. Ivan Milat weigert sich, das Protokoll der ermittelnden Beamten zu unterschreiben, da es sich seiner Meinung nach um unbewiesene Behauptungen handelt.

1971: Milat weigert sich im Oktober, wegen den Raubüberfällen im August 71 vor Gericht zu erscheinen. Es ergeht Haftbefehl. Er wird wegen Raubes mit seinem Bruder Michael angeklagt. Michael erhält 12 Jahre

Gefängnis, zwei Freunde seines Bruders werden zu 15 und 18 Jahren verurteilt. Ivan Milat wird aufgrund der entlastenden Aussagen seines Bruders freigesprochen.

1974: Milat begeht einen bewaffneten Raubüberfall und wird verhaftet. Er kommt auf Kaution frei und flüchtet nach Neuseeland.

1974: Milat kommt den Auflagen des Gerichts nicht nach, so spricht es die Verweigerung der Kaution aus, und Milat wird erneut mit Haftbefehl gesucht.

Ivan Milats Lieblingsfoto.

1974: Milat kehrt aus Neuseeland zurück und wird am Krankenbett seiner Mutter verhaftet. Bei der eintägigen Verhandlung wegen des bewaffneten Raubüberfalles wird er freigesprochen.

Milat wird zum Einzelgänger

Nach 1974 ist es lange Zeit ruhig um Ivan Milat. 1984 heiratet er seine langjährige Freundin Karen, doch die Ehe hielt nicht lange. Eines Tages packt sie ihre Sachen und verschwindet. Als Ivan abends nach Hause kommt und erkennt, dass seine Frau ihn verlassen hat, fährt er zu seinen Schwiegereltern. Er will mit seiner Frau sprechen. Doch die Eltern wissen angeblich nicht, wo sich ihre Tochter aufhält. Milat wird wütend und steckt die Garage der alten Leute in Brand.

1987 lässt sich Ivans Frau scheiden. »Viel zu oft war er fremdgegangen. Er ist sehr brutal zu mir gewesen, vor allem im Bett«, erzählt sie dem Scheidungsrichter. Sie wollte immer ein Kind. Doch Milat drohte ihr Schläge an, wenn sie nicht dafür Sorge tragen würde, dass so etwas nicht geschehen kann. 1989 gab er seinen Job auf, um für seine Frau keinen Unterhalt mehr zahlen zu müssen. Ab diesem Zeitpunkt lebte Ivan Milat als Einzelgänger. Er gibt das Rauchen und seine Vorliebe für schweren Rotwein auf. Seine Liebe gilt nun seinen Waffen allein.
Was seine Auseinandersetzungen mit Polizei und Justiz angeht, ist er nicht mehr ganz so zuversichtlich wie früher. Er sagt selbst: »Ich glaube nicht, dass ich noch einmal solches Glück haben werde wie damals, als ich im Krankenhaus meiner Mutter verhaftet wurde und wieder frei kam.«

Paul Onions, der Kronzeuge

Die Hände tief in den Taschen seines Mantels vergraben, verlässt Paul Onions seine Arbeitsstelle. Heute will er nicht in sein geliebtes Pub, um sich mit seinen Freunden zu treffen. Er fährt geradewegs nach Hause. In einer Stunde wird ein großes Spiel »seines« Fußballvereines im Fernsehen übertragen. Er hätte es gerne live gesehen, doch ärgerlicherweise hatte er keine Eintrittskarte mehr bekommen. Er hatte sich zu spät darum gekümmert.

»Aber vielleicht ist es ja gut so«, denkt er, »es ist sowieso viel zu kalt für die Jahreszeit, und zu Hause ist es gemütlich warm.«

Es ist April 1994. Das Spiel – wieder einmal liegt seine Mannschaft mit drei Toren zurück – ist noch nicht zu Ende, als das Telefon klingelt. Mürrisch nimmt er den Hörer ab. »Wahrscheinlich die Freundin, sie kann wohl wieder nicht das Ende des Spiels abwarten«, redet er sich ein.

Verwundert stellt er fest, dass sich ein Mann meldet: »Guten Tag, Herr Onions. Mein Name ist Bob Godden. Ich bin der Leiter des Sonderdezernates in Sydney und wollte Sie bitten, nach Australien zu kommen. Wenn möglich in den nächsten Tagen.«

Paul Onions verschlägt es die Stimme. Er kann nicht glauben, was ihm dieser Polizist aus dem fernen Australien berichtet. Man habe nun einen konkreten Verdacht gegen einen Mann, der sich unter anderem auch Bill nannte. Man habe nur noch keine Beweise. Doch vieles, was Paul der Polizei vor fünfeinhalb Monaten bereits mitgeteilt habe, decke sich mit den Verdachtsmomenten. Wahrscheinlich sei der Verdächtige identisch mit der Person, die ihn überfallen habe.

Zwei Tage später sitzt Paul Onions in der Maschine nach Australien. Er wirkt nachdenklich, die merkwürdigsten Vorstellungen malträtieren sein Gehirn. So lange Zeit wusste man von seiner Anzeige bei der Polizei, und nun sollte er von heute auf

morgen zurückkehren, um den damaligen Täter zu identifizieren. Oder war es gar nicht die Polizei, die ihn nach Australien lockte, sondern Bill? Vielleicht hatte dieser längst erfahren, dass man ihn verdächtigt, und erinnerte sich an ihn. Vielleicht wollte er den einzigen Zeugen, der ihn wiedererkennen würde, aus dem Weg räumen. An seine Adresse hätte er leicht kommen können. Er hatte sie bereits. Er, Paul hatte ja sein ganzes Gepäck inklusive des Adressbuches mit seiner Telefonnummer in Bills Wagen zurückgelassen.
Die angebliche Polizei hatte ihm nicht viel über den Verdächtigen erzählt. Er war mehr als skeptisch. Zweifel und Angst kamen in ihm auf, was ihn bei seinem neuerlichen Besuch in Australien erwarten würde. Doch die Maschine war längst gestartet, und es gab kein Zurück mehr.

Onions erinnert sich

Als Paul Onions am 2. Mai 1994 die Flughalle betritt und die zwei Detectives, die ihn abholen und in sein Hotel bringen sollen, ihre Polizeiausweise zeigen, ist alle Angst verflogen.
Es ist der 5. Mai, als die beiden Beamten Paul vom Hotel abholen. Sie bitten ihn, ihnen genau die Strecke zu zeigen, die er damals mit Bill zurückgelegt hatte.
»Da müsst ihr mich aber zuerst zum Bahnhof bringen, von dort werde ich den Weg schon finden. Ich glaube, ich kann mich noch sehr gut daran erinnern.«
Man fährt ihn zum Bahnhof, und Paul zeigt ihnen den Weg, den er vor Jahren zurückgelegt hatte. Nach einer Zeit erreichen sie einen kleinen Kiosk.
»Hier habe ich Bill kennen gelernt. Genau an dieser Stelle sprach er mich an«, weiß er zu berichten. »Dann sind wir in diese Richtung gefahren, bis zu einem kleinen Ort. An der ersten Ampel sind wir stehen geblieben und nach rechts abgebogen. Nur wenige hundert Meter weiter, dann kommt die Stelle, an der alles geschah.«

Die Beamten wundern sich nicht schlecht, wie genau Paul die Wegstrecke beschreiben kann. Nun sollte also der kleine Ort mit der Ampel kommen, doch es war weit und breit kein Ort zu sehen, geschweige denn eine Ampel.
»Sie müssen sich irren, Sie sehen selbst, dass hier kein Ort ist, und ich kann Ihnen sagen, die nächsten dreißig Meilen ist ebenfalls keiner. Sie müssen sich irren, Paul Onions, denken Sie doch noch einmal nach.«
»Nein«, erwidert Paul, fest davon überzeugt, dass er sich genau erinnert. »Ich bin mir hundertprozentig sicher, glauben Sie mir.«
»Na gut, dann fahren wir zurück zur Polizeistation und nehmen alles zu Protokoll.«
Mit diesen Worten wenden sie ihr Fahrzeug und fahren enttäuscht in Richtung Sydney. Niemand sagt Paul, dass sie sich dort, wo Paul den kleinen Ort vermutete, ganz in der Nähe des Belanglo Forest befanden.
Als man das Polizeibüro betritt, warten zwei Beamte der Sonderkommission bereits ungeduldig. Ihre Enttäuschung ist ihnen ins Gesicht geschrieben, als man ihnen den bisherigen Ablauf des Tages berichtet. Zu viel hatte man von der Aussage Onions erwartet.
»Vielleicht sollen wir morgen nochmal mit ihm rausfahren. Es könnte ja sein, dass er heute viel zu aufgeregt war, um den Weg wiederzufinden«, der Rat eines der Beamten. Oder will sich der Mann aus England nur wichtig machen? Vielleicht will er nur die hohe Belohnung kassieren? Eine Überlegung, die sie bei vielen Aussagen und Hinweisen berücksichtigen mussten.
Ein Streifenbeamter studiert währenddessen die Karte der Straßenführungen in der Gegend um den Belanglo Forest und fragt den Fahrer, der Paul Onions gerade begleitet hatte, aufgeregt: »Sag mal, wann war das, als Onions das letzte Mal hier gewesen sein soll?«
Der Beamte blättert in den Unterlagen und stellt fest: »Januar 1990.«

Eilig sucht er der Streifenbeamte eine alte Landkarte, entfaltet sie und ruft die Kollegen zu sich.
»Das ist schon richtig, wie Onions den Weg beschrieben hat. Auf dieser alten Karte könnt ihr es sehen. Da führte die Straße noch durch diesen kleinen Ort. Erst 1992 wurde die Umgehungsstraße gebaut. Da könnt ihr heute natürlich keine Ampel mehr finden auf der neuen Strecke.«
Erleichtert nehmen die Beamten die Aufklärung zur Kenntnis. Alles war wieder offen.
Paul, in der Zwischenzeit in einem Nebenzimmer untergebracht, war ins Grübeln geraten. Es wollte ihm nicht in den Kopf gehen, dass er sich so getäuscht haben sollte. Er staunt nicht schlecht, als man ihn erneut bittet, im Polizeiwagen Platz zu nehmen, und die Strecke zum wiederholten Male abfährt.
»Da sehen Sie, da ist der Ort, den ich beschrieben habe, und da werden Sie auch gleich die Ampel sehen«, stellt Paul nach einiger Zeit erleichtert fest. Erst jetzt rücken die Beamten mit der Wahrheit heraus, warum Paul die alte Strecke nicht finden konnte.
»Glauben Sie im Ernst, ich werde jemals in meinem Leben den Platz vergessen, an dem ich derartige Angst um mein Leben hatte. Was denken Sie, was in mir vorgegangen ist, als ich die Kordel in seiner Tüte bemerkte.«
Als Paul Onions diese Worte ausspricht, spürt man seine unglaubliche Angst und Anspannung. Kein Wunder, zum zweiten Mal in seinem Leben betritt er den Ort des Schreckens. Er erzählt den Beamten jedes Detail jenes Tages. Er schildert, wie er sich mit Bill am Boden wälzte und wie er sich befreien konnte. Paul beschreibt diesen Bill so genau, dass sich die Beamten sicher sind, Onions könne nur von Ivan Milat sprechen.
»Ich liebe dieses Land, seine Schönheit und den Reiz der Natur. Diese unberührte Landschaft und diese Sonnenuntergänge, die mich so verzaubert hatten. Und doch wollte ich dieses Land nicht mehr betreten, nie mehr solch unsägliche Angst wie an diesem Platz erleben.«

Mit diesen Worten beendet er seine Schilderung der damaligen Ereignisse. Onions Aussagen waren glaubwürdig. Die Beamten waren sich sicher, Onions sagt die Wahrheit.

Aufregung herrscht in den Räumen der Polizeidirektion, schnell hat sich herumgesprochen, was der Zeuge zu berichten wusste. Lange beraten sich die Beamten darüber, ob sie eine

Paul Onions, der Kronzeuge, während des Prozesses.

Gegenüberstellung mit Milat arrangieren sollen. Was wäre, wenn Paul Onions ihn nicht zweifelsfrei identifizieren würde. Milat wäre gewarnt, und dies galt es zu verhindern.
So beschließt man, Paul Fotos vorzulegen. Von Milat und anderen Herren aus der Verbrecherkartei, die Milat ähnlich sehen. 13 Bilder von schwarzhaarigen Männern mit Schnurrbart werden auf einem Tisch ausgebreitet. Onions wird gebeten, sich diese Bilder genau anzusehen und auf Bill zu zeigen.
Die Beamten klären ihn auf, welche Bedeutung diese Aussage habe und welche Konsequenzen es für den von ihm identifizierten Menschen haben könne. Man musste bedenken, vier Jahre waren seit dem Zusammentreffen mit diesem Bill vergangen.

Milats Verhaftung

Die Sonderkommission wähnt sich kurz davor, den größten Serienkiller Australiens überführen zu können. Die Aussage des 27-jährigen Paul Onions reicht aus, um Ivan Milat zu verhaften, wenn auch zunächst nur wegen des auf Onions verübten Überfalls und Mordversuchs.

Termine werden vertraulich behandelt, die am Fall beteiligten Beamten verpflichten sich zu strengster Verschwiegenheit. Der kleinste unbedachte Wink oder Fehler eines Beamten hätte die jahrelangen Ermittlungen zunichte machen können.

Keinerlei Beweise für die Morde im Belanglo Forest bei Milat zu finden, war die größte Sorge der Task Force. Allzu oft war Milat durch die Maschen der Justiz entschlüpft. Er war ein listiger Fuchs geworden in all den langen Jahren im Umgang mit der Polizei.

Am 16. Mai beschließt man zunächst, Ivans geschiedene Frau Karen aufzusuchen. Sie war inzwischen 35 Jahre alt und lebte allein. Sie hatte noch immer Angst vor Milat, vor allem vor seinen brutalen sexuellen Übergriffen.

»Ivan ist unberechenbar, wenn er etwas haben will, holt er es sich auch«, gesteht sie den Beamten.

Man zeigt ihr das Bild, das Onions als das Ivans identifiziert hatte, und man fragt sie, ob der Mann auf dem Bild Ivan ist. Sie gibt zu: »Ja das ist er.«

Es sollte nur ein Vorwand sein, um mit dieser Frau ins Gespräch zu kommen.

Als man sie fragt, ob Milat im Besitz von Schusswaffen sei, erzählt sie: »Ivan hatte viele Autos. Aber seine größte Liebe, die galt seinen Waffen. Ja, er war geradezu verrückt nach Schusswaffen und fuhr oft zum Belanglo. Seine Pistole trug er meist in seinen Socken. Er putzte sie ständig. Auch hatte er mehrere große Messer, darunter ein sehr langes Klappmesser.« Weiter berichtet sie: »Wir fuhren zusammen oft zum Belanglo Forest.

In diesem Haus wurde Ivan Milat festgenommen.

Er hatte immer ein oder mehrere Gewehre dabei. Ivan erschoss einmal zwei Kängurus in meinem Beisein.«

Um sicher zu gehen, dass Ivan am Tage des Zugriffs auch zu Hause ist, begeben sich zwei Detectives zum Hause von Milats Brüdern Mike und Alex. Von ihnen wollten sie erfahren, ob Ivan derzeit eine feste Arbeit habe oder ob er viel unterwegs war. Weiter wollten sie die Brüder noch einmal über Milat aushorchen, da sie sich sicher waren, dass die Brüder mehr über die kriminellen Taten ihres Bruders wussten, als sie bisher angegeben hatten. Immer wieder befragen sie die Anwesenden, ob denn Milat nicht irgendwelche Gegenstände bei ihnen deponiert habe. Ohne ein Wort geht die Frau von Alex zu einer Kammer, holt einen Rucksack hervor und überreicht ihn den beiden Beamten. Verblüfft nehmen sie zur Kenntnis: »Den hat Ivan uns im April 1992 zur Aufbewahrung gegeben.«
Die Beamten lassen sich nichts anmerken, doch sie staunen nicht schlecht, als sie den Rucksack betrachten. Sie hatten die unzähligen Fotos der Gegenstände, die die ermordeten Opfer bei sich trugen, lange genug studiert, um zu wissen, dass sie den ersten Beweis gegen Milat seit nunmehr zwei Jahren in

Händen hielten. Es gab keinen Zweifel, es war der Rucksack von Simone Schmidl.

Es ist Sonntag, der 22. Mai 1994. In aller Frühe setzt sich ein Aufgebot von dreihundert Polizisten in Bewegung, um das Haus von Ivan Milat und die Häuser seiner Geschwister zu stürmen.
Zeitgleich dringt man in die Anwesen ein. Nur vor dem Hause Ivans wird der Zugriff verzögert. Man wollte kein Risiko eingehen und eine Flucht Ivans ausschließen. Man umstellt daher zunächst die gesamte Gegend um das Haus. Jede Zufahrtsstraße zum Anwesen Ivans wird abgeriegelt. Die umliegenden Wiesen werden mit Menschenketten gesichert. Zusätzliche Straßensperren werden errichtet. Die Nachbarn werden gebeten, die Häuser nicht zu verlassen. Das tun sie auch nicht, dafür rufen sie die Presse. Doch nur wenigen Journalisten gelingt es, dem Schauplatz etwas näher zu kommen. Ein Sonderkommando, das einen Gürtel von 100 Metern um das Haus gezo-

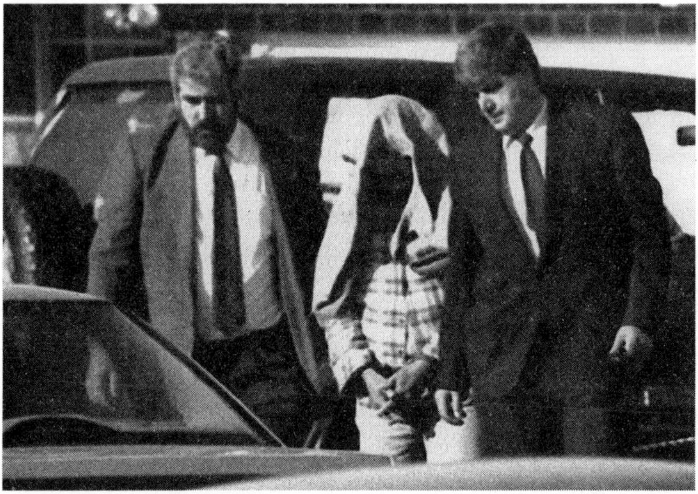

Ivan Milats Verhaftung (links: Steve Leach).

gen hat, beobachtet jede Bewegung der Vorhänge an den Fenstern. Man wusste, wenn Ivan um diese Zeit schon aufgestanden ist, wird er die Aktionen der Polizei bemerken.
Um 6.36 Uhr ruft man Ivan Milat vom Handy aus an. Man hat ihn offenbar geweckt. Verschlafen nimmt er den Hörer ab. Man teilt ihm mit, dass das ganze Haus umstellt ist, und fordert ihn auf, zusammen mit seiner Freundin, die sich bei ihm befindet, das Haus mit erhobenen Händen zu verlassen und sich zu stellen.
Ivan gibt sich überrascht: »Was wollen Sie denn von mir, ich habe doch nichts getan?«

»Sie werden beschuldigt, versucht zu haben, Paul Onions zu töten. Also kommen Sie heraus, Sie haben keine Chance. Oder wollen Sie, dass wir Ihr Haus stürmen?«
»Nein, nein, ich komme mit meiner Freundin heraus, so wie Sie es wünschen. Ich habe doch nichts zu verbergen, und einen Paul Onions kenne ich schon gar nicht. Das muss alles ein Irrtum sein. Meine Unschuld wird sich herausstellen, glauben Sie mir.«
Alle Augen der Polizisten sind in diesem Moment auf die Eingangstüre des Hauses gerichtet. Doch nicht nur Augen, auch unzählige Gewehrläufe sind auf das Haus justiert. Es bleibt ruhig. Nur ein Vorhang bewegt sich, und Ivan ist kurz mit nacktem Oberkörper zu sehen.
15 Minuten später, um 6.51 Uhr, ruft man nochmals bei Ivan an. Man fragt ihn, warum er das Haus noch nicht verlassen habe. Noch einmal klärt man ihn über die für ihn ausweglose Situation auf und weist ihn auf die Folgen einer Stürmung des Hauses hin.
»Ich muss mich nur noch fertig anziehen, dann kommen wir«, sein Versprechen.
»Es ist meine letzte Warnung an Sie«, gibt der Detective zu verstehen und beendet das Gespräch.
Als ich nach einigen Minuten die Türe noch immer nicht öffnet,

geht Detective Steve Leach mit einem Kollegen auf das Haus zu. Die Scharfschützen sind in höchster Alarmbereitschaft. Durch die Zielfernrohre können sie jeden Zentimeter der Türe sehen. Eine falsche Reaktion Milats und die Detectives würden zur Seite springen, um der Munition der Heckenschützen freie Bahn zu liefern. So war es vereinbart.
Man klopft an die Eingangstür, worauf sich die Türe langsam öffnet und Milat und seine Freundin verschlafen im Türrahmen stehen bleiben. Erst jetzt erkennt Ivan Milat den Ernst der Situation. Verwundert stellt er fest, dass unzählige Gewehre auf ihn gerichtet sind. Blitzartig hebt er seine Hände in die Höhe, und seine Freundin folgt seinem Rat: »Mensch, mach die Hände in die Höhe.«
Steve Leach legt Ivan Milat die Handschellen an. Widerstandslos lassen sich die beiden festnehmen. Die Pressefotografen, die längst von der Polizeiaktion durch die Nachbarn Milats Wind bekommen hatten, sind sehr enttäuscht, dass sie Milats Gesicht nicht fotografieren können.
Denn als Milat erkennt, dass Reporter ihn fotografieren wollen, stülpt er sich sofort seine Lederjacke über den Kopf.
Die Beamten teilen Milat offiziell mit: »Sie, Ivan Milat, sind festgenommen wegen des Mordanschlags auf Paul Onions.«
Ivan schüttelt den Kopf und sagte zu den Beamten: »Ich kenne keinen Onions oder wie der Kerl heißen soll. Ich weiß von nichts. Sie müssen sich irren.«
»Wissen Sie etwas von den Morden im Belanglo Forest?«, wird Milat noch an seiner Haustür gefragt.
»Nein«, ist Milats gelangweilte Antwort.
»Haben Sie Waffen im Hause?«
Auch diese Frage verneint Ivan vehement.
Ivan Milat und seine Freundin werden im Polizeiwagen zum Verhör gebracht. Doch Ivan streitet alles ab. Zu keinem Zeitpunkt hätte er eine Waffe gehabt. Wenn er einmal schießen wollte, hätte er sich eine Waffe von einem seiner Brüder geborgt. Auch der Wagen in der Garage würde ihm nicht gehören,

gibt er zu Protokoll. »Der gehört einem meiner Brüder«, ist sein ganzer Kommentar. Welchem seiner Brüder, das wollte er nicht sagen.

Spurensicherung im Hause Milats

Nun beginnt die wichtigste Arbeit der Ermittler. Die Spurensicherung beginnt, jeden Zentimeter des Hauses von Ivan Milat zu untersuchen. Allen beteiligten Polizisten ist klar, dass jedes noch so kleine Indiz, das sie übersehen, dem vielleicht größten Serienkiller der Geschichte Australiens zum Vorteil gelangen könnte. Doch hier sind Profis am Werk.

Unter einer Waschmaschine versteckt, findet man eine kleine Pistole, ein 7.65 cm Kaliber, selbstladende »National«. Am ge-

Diese 32 Browning Automatik Pistole fand man unter der Waschmaschine in Milats Haus.

rade verlassenen Kaffeetisch entdeckt man ein Fotoalbum, darin Bilder von Ivans Schwester. Auf einem kleinen Bild trägt sie ein T-Shirt mit der Aufschrift Benetton. Dies trug bis zu ihrem Tode Caroline Clarke. Die 21-jährige Engländerin wurde am 18.4.1992 getötet und am 19.9.1992 aufgefunden.
Auf dem Nachttisch im Schlafzimmer Ivans findet man ein Kuvert mit neuseeländischem, indonesischem und deutschem Geld. Einige der Opfer waren in diesen Ländern, bevor sie nach Australien kamen.
In einem anderen Raum findet man mehrere Kisten Munition und Dutzende von Patronen. Die Patronen tragen die gleiche Aufschrift wie die, die man bei der Opfersuche im Belanglo Forest gefunden hat. Eine am Boden liegende Tasche enthält die abgeschossene Patrone eines Röger-22-Gewehrs.
In einem Schrank entdeckt man eine Wasserflasche und eine Landkarte vom Belanglo Forest.

Im Gästezimmer liegen mehrere Schlafsäcke und ein grünes Zelt samt Zubehör. In einem Kopfkissen findet man ein Stirnband mit getrocknetem Blut und Modeschmuck. In einem Küchenschrank liegen eine Kamera und Kochutensilien, wie sie Camper benutzen.
Im Auto wird eine englische Münze und ein Anhänger gefunden.
Einige zerlegte Gewehre und Waffenteile werden in den einzelnen Zimmern gefunden, auch Teile eines Röger-Gewehrs. In einer Wand waren weitere Teile eines Röger-Gewehrs versteckt. Als man weitersucht, findet man auch die dazugehörige Munition. Mit diesem Gewehr wurden zwei der Opfer getötet.

Sechzig Kilometer vom Hause Ivans entfernt wird die Polizei ebenfalls fündig. Man durchsucht die Wohnung seines Bruders Richard. In einem Schuppen neben dem Haus lagern unzählige Campinggegenstände wie Zelte, Kochgeschirr und Zeltzubehör. Als man Richard fragt, wem diese Gegenstände gehören,

stellt er fest: »Alles, was sich in meinem Hause befindet, ist mein Eigentum.« Die Gegenstände werden registriert und beschlagnahmt.
Bei einer Durchsuchung des Hauses einer der Schwestern Ivans stößt man auf 24 Waffen und eine Viertel Tonne Munition. Einige der Patronen waren vom selben Kaliber und mit derselben Herstellungsnummer versehen wie die Patronen, die man an den Fundorten der Opfer sicherstellte.
Auch das Elternhaus Milats will man durchsuchen. Doch die kleine, resolute Mutter Ivans weigert sich, die Beamten einzulassen. Als man dennoch in das Haus eindringt und mit der Durchsuchung beginnt, stellt sie sich vor einen Schrank und verbietet den Beamten, diesen zu öffnen.
»In diesem Schrank ist meine Unterwäsche, und die geht Sie wohl nichts an«, herrscht Ivans Mutter die Ermittler an.
Im Schrank finden die Beamten ein Gewehr mit der Aufschrift Ivan, Teile eines anderen Gewehrs und einen gekrümmten Degen mit äußerst scharfer Klinge. Ebenso ein gelbes T-Shirt und ein weiteres Hemd. Es sind Kleidungsstücke von Paul Onions, die er bei sich trug und im Wagen Ivans zurücklassen musste.

Sechs volle Tage und Nächte dauern die Durchsuchungen der einzelnen Häuser und die Vernehmungen von Ivan Milat. So sehr man ihn auch zu den einzelnen Gegenständen befragte, er konnte sich nicht erklären, wie diese in sein Haus und in die ebenfalls untersuchten Häuser seiner Verwandten gelangen konnten.
Längst sind die Funde auch der Presse bekannt geworden. Täglich erscheinen darüber neue Artikel in den Zeitungen. Unzählige Fernsehreporter versuchen, die Verwandten Ivans vor die Kamera zu bekommen. Doch der Milat-Clan hat sich längst mit Ivan verbündet.
»Die gefundenen Gegenstände würden ihnen nicht gehören. Sie könnten sich auch nicht erklären, wie diese Gegenstände in

ihre Häuser gelangt seien«, sagen sie unisono. Und immer wieder betonen sie: »Ivan ist unschuldig.«

Die Zeit war gekommen, die gesammelten Gegenstände zu registrieren und die Beweismittel den einzelnen Opfern zuzuordnen. Für die leitenden Beamten beginnt ein Kampf gegen die Uhr. Nach australischem Recht konnte man Ivan Milat nur bis zum 31. Mai – eine knappe Woche – in U-Haft behalten. Würden die Beweise bis zu diesem Zeitpunkt für das Gericht nicht ausreichen, wäre Ivan ein freier Mann und könnte wieder untertauchen, wie so oft in seinem Leben. Diesmal ging es jedoch nicht um einen Raub oder eine Vergewaltigung, diesmal galt es, den wahrscheinlich größten Serienmörder Australiens für immer dingfest zu machen.
Ballistiker und Spurenspezialisten arbeiten fieberhaft Tag und Nacht. Die Leute des Dezernats wissen, dass die ganze Nation auf sie blickt. Man erwartete unwiderlegbare Beweise oder ein Geständnis des Täters, was unwahrscheinlich war, denn Ivan schwieg.

Vor Ablauf der Frist gelingt es den Beamten, über einhundert fundierte Beweise zu erbringen, die den Täter einwandfrei überführen würden. Es sind fast ausschließlich Gegenstände, die den deutschen Opfern gehörten. Die meisten der Gegenstände gehörten Simone Schmidl.
Am 24. Mai bauen die Ballistiker die gefundenen Teile des Röger-Gewehrs zusammen, und nachdem man einige Schüsse mit der aufgefundenen Munition damit abgegeben hatte, steht fest: Mit diesem Gewehr wurde die Mehrzahl der Opfer vom Belanglo Forest getötet.
Wissenschaftler werden beauftragt, die gefundene Wasserflasche zu untersuchen. Sie tun es mit großem Erfolg. Nachdem man feststellt, dass diese neu lackiert worden war, durchleuchtet man sie. So kann nachgewiesen werden, dass ursprünglich der Name SIMI eingekratzt war. Es ist die Koseform des Na-

mens Simone. Ihre Freundin bestätigt, dass Simone diese Buchstaben eingeritzt hatte, um eine Verwechslung der Wasserflasche mit der ihren zu vermeiden.

Am 31. Mai wird Ivan Milat dem Gericht zu dessen Voruntersuchung in Kempledoun vorgeführt. Hier sollte sich entscheiden, ob gegen Ivan Milat eine Hauptverhandlung wegen Mordes an den sieben Opfern des Belanglo Forest zugelassen würde oder ob er wieder aus der Untersuchungshaft zu entlassen sei.

Die Vorverhandlung

Detective Bobb Godden und die 66-jährige, aus Deutschland eingewanderte Rita O'Malley betreten die Flughafenhalle in Sydney. Es ist der 8. November 1994, und die Staatsanwaltschaft erwartet mit Spannung die wichtigsten Zeugen aus Europa im Mordfall Ivan Milat, dessen Vorverhandlung am nächsten Tag beginnen soll.
Bobb Godden, der am 28.07.1994 die Zeugenvernehmung von Herbert Schmidl bei der Kriminalpolizeiinspektion Regensburg vornahm, freute sich besonders auf diesen Mann. Herr Schmidl sollte eine gewichtige Rolle in der Beweisführung gegen den Angeschuldigten Milat spielen. Denn die Beweisaufnahme stützte sich unter anderem auf die Gegenstände, die Simone bei sich trug und die man in den Häusern der Familie Milat gefunden hatte. Man hatte Herbert Schmidl in Deutschland Alben mit unzähligen Fotos vorgelegt, um Gegenstände identifizieren zu können, die sich im Besitz von Simone befanden. Erfreut erfuhren sie, dass der Vater bei fast allen Einkäufen, die Simone tätigte, anwesend war. Godden war bekannt, dass Herbert Schmidl kein Englisch spricht. Aus diesem Grunde bat er Rita O'Malley zu dolmetschen. Die in Bremen geborene erklärte sich sofort bereit, diese Aufgabe kostenlos zu übernehmen.
In einem zivilen Kleinbus wird Herbert Schmidl in das Hotel Pantas in Penrith gebracht. Man will den Zeugen zumindest außerhalb des Gerichtsgebäudes vor dem riesigen Presserummel verschonen. Die Vorverhandlung gegen Milat sollte in Capbelltown, 60 km von Sydney entfernt, stattfinden.

Mindestens zwanzig Kamerateams und unzählige Reporter aus der ganzen Welt warten bereits seit Stunden auf die Ankunft der Zeugen vor dem Gerichtsgebäude. Unter Polizeischutz bringt man Herbert Schmidl in den ersten Stock des ehrwürdigen Hauses. Auch er muss wie alle Zeugen eine Si-

Herbert Schmidl, Vater der ermordeten Simone, und Bob Godden (rechts), Leiter des Dezernats für Schwerverbrechen.

cherheitsschleuse durchlaufen, bevor er in einer Teeküche dem Staatsanwalt vorgestellt wird.
Freundlich begrüßt der Staatsanwalt Herbert Schmidl und spricht ihm sein tiefes Mitgefühl aus. Er will Herbert Schmidl die Aufregung ein wenig nehmen – steht doch dieser Mann zum ersten Mal vor einem Gericht. Noch einmal zeigt ihm der Staatsanwalt die aufgefundenen Gegenstände seiner Tochter. Herbert Schmidl nickt nur stumm, als ihn der Staatsanwalt bei jedem Gegenstand fragt, ob er denn diesen zweifelsfrei wiedererkennen würde.
Für die Staatsanwaltschaft ist diese Aussage des Zeugen Schmidl von elementarer Bedeutung.
Jeder noch so kleine Beweis wird in den nächsten Tagen darüber entscheiden, ob die Hauptverhandlung gegen Ivan Milat zugelassen wird. Danach würde feststehen, ob Ivan Milat als freier Mann das Gericht verlässt oder sein restliches Leben hinter Gittern verbringen wird.

Milat entlässt überraschend seinen Anwalt

Die Hauptperson dieser Verhandlung, der Angeklagte Ivan Milat, wird in Handschellen in den Saal geführt. Er trägt einen blauen modischen Anzug. Er wirkt souverän, selbstsicher mustert er den Gerichtsvorsitzenden, die Staatsanwaltschaft und die im Saal befindlichen Zuhörer. Den Presseleuten ein höfliches Lächeln für die Kameras zuwerfend, versinkt sein Blick in die mitgebrachten Unterlagen.
Seinen Anwalt, der in diesem Moment neben ihm Platz nimmt, würdigt er keines Blickes.
Dann eröffnet das Gericht die Verhandlung gegen Ivan Milat, der des siebenfachen Mordes verdächtigt wird. Die Verhandlung beginnt mit einem Donnerschlag. Milat will nicht von seinem bisherigen Anwalt verteidigt werden. Nach nur wenigen Minuten entlässt er ihn und ersucht das Gericht, die Ablehnung seines Verteidigers zu genehmigen.

Der Richter fragt Milat: »Wollen Sie Ihren Entschluss nicht noch einmal überdenken? Glauben Sie nicht, dass es für Sie zum Nachteil sein könnte, einen neuen Anwalt mit Ihren Interessen zu beauftragen. Ihr jetziger Verteidiger kennt alle Ermittlungsergebnisse, ein neuer Anwalt hätte nicht mehr die Möglichkeit, alle Unterlagen zu prüfen.«
»Nein, es gibt nichts zu überlegen«, ist seine knappe Antwort.

Steve Leach und Rita O'Malley.

Milat steht auf und schreit seinen Anwalt an: »Hast du nicht gehört, ich will dich nicht mehr sehen. Hau ab. Verschwinde, ich will dich nie mehr sehen.«
Darauf stellt Milats Anwalt den Antrag, die Verteidigung seines Mandanten niederlegen zu dürfen. An den Vorsitzenden gewandt, stellt er seinen Antrag: »Ich bin soeben von Herrn Milat entlassen worden und daher nicht im Stande, ihn zu verteidigen. Ivan Milat hat den Wunsch, sich selbst zu verteidigen.«
Der Vorsitzende Richter fragt Milat noch einmal: »Ist es richtig, dass Sie sich selbst ohne Anwalt verteidigen wollen?«
»Ja. Es gibt nichts zu überlegen«, die Antwort.
Plötzlich, während der Vorsitzende die Entscheidung Milats der Protokollführerin diktiert, springt Milat von seinem Sitz auf und schreit den Vorsitzenden an, der erschrocken zusammenfährt: »Was soll ich überhaupt überlegen! Ich bin unschuldig. Ich bin sehr erstaunt über die Anklage.«

Die Vorverhandlung dauert insgesamt fünf Tage, und der Staatsanwaltschaft gelingt es, das Gericht davon zu überzeugen, dass Ivan Milat der Serienmörder vom Belanglo Forest ist. Die Beweise sind zu eindeutig, und die Gutachten sprechen klar für seine Täterschaft. Ivan Milat wird abgeführt und die Zulassung einer Hauptverhandlung bestimmt.

Herbert Schmidl blieb noch einige Tage nach dieser Vorverhandlung in Australien. Die Dolmetscherin Rita O'Malley und ihr Mann Peter kümmerten sich um ihn, als wäre er ein Familienmitglied. Sie vermittelten ihm menschlichen Beistand und Fürsorge und gaben ihm das Gefühl, nicht allein auf dieser Welt zu sein. Auch Steve Leach, der die Ermittlungen mit Bob Godden leitete und Ivan Milat verhaftete, kümmerte sich rührend um Herbert Schmidl. In seiner knapp bemessenen Freizeit ging er mit ihm zum Angeln und zeigte ihm seine Stadt Sydney. Selbst der Staatsanwalt sah in Herbert Schmidl nicht nur den Zeugen der Anklage, er versuchte außerhalb seiner

Dienstzeit, ein klein wenig Freude und Abwechslung in die Tage der Trauer zu bringen.

Herbert Schmidl flog am 20. November nach Deutschland zurück. Er hatte nicht nur eine der schwersten Stunden seines Lebens durchgemacht, er kam zurück mit der Gewissheit, viele gute Freunde gefunden zu haben.

Die Hauptverhandlung

Hunderte Journalisten fiebern dem 26. März 1996 entgegen. Jede zur Verfügung stehende Fernsehkamera wird aktiviert. Es gilt nicht nur, den Auftakt eines der aufwendigsten Kriminalprozesse, die Australien je erlebt hatte, aufzuzeichnen. Es gilt auch, das Leid sieben junger Menschen zu dokumentieren, die durch Australien gereist waren, um dieses wunderschöne Land und seine Bevölkerung kennen zu lernen, und dabei den Tod fanden.
Die Eltern der Ermordeten waren aus aller Welt angereist. Sie kannten das Gesicht des Mörders von Bildern aus den Presseberichten. Doch nun würden sie ihm gegenüberstehen, dem Mann, der ihnen das Liebste genommen hatte, ihre Kinder.
Längst sind alle Bleistifte der schreibenden Zunft gespitzt, und die Kameraleute drehen nervös an ihren Linsen vor dem Gerichtsgebäude in Sydney. Leider ist Kameraleuten der Zutritt zum Gerichtssaal untersagt. So können sie nicht aufzeichnen, wie Ivan Milat über eine Treppe, die vom Keller in die Mitte des Gerichtssaals führt, mit zwei Polizisten hereingeführt wird. Ein Raunen geht durch den ehrwürdigen Saal des historischen Gebäudes, als Milat erscheint. In der Mitte des Raumes steht eine Bank, auf der der Angeklagte, flankiert von den Polizisten, gleich Platz nehmen wird. Die Bank ist umzäunt von einer circa ein Meter hohen hölzernen Balustrade. Der Saal ist überfüllt, und der Gerichtsdiener hat größte Mühe, die Reporter in Zaum zu halten.
Der Angeklagte Ivan Milat trägt einen blaugrauen Anzug mit Krawatte. Er ist gut gelaunt. Offensichtlich genießt er seinen Auftritt. Seine Haare kurz und streng nach hinten gekämmt, den Schnurrbart abrasiert, er macht den Eindruck eines erfolgreichen Geschäftsmannes. Man sieht ihm die zwei Jahre Untersuchungshaft nicht an. Es scheint ihm nicht schlecht zu gehen.

Ivan Milat im Blitzlichtgewitter während seines Prozesses.

Ein höhnisches Lächeln auf seinen Lippen lässt glauben, ein siegessicherer Angeklagter betritt den Gerichtssaal. Lässig nimmt er den ihm zugewiesenen Platz ein. Charmant lächelt er zu den Reportern hinüber. Nichts mehr zu spüren von dem verwegenen Draufgänger, hier gibt er sich seriös. Souverän wie ein Mann, der es nicht nötig hat, junge Mädchen zu vergewaltigen und zu töten.
Die Eltern der Opfer, die alle anwesend sind, sind schockiert über den »Auftritt« dieses Mannes. Milat wendet sich seinem Anwalt zu und übergibt ihm einige Schriftstücke.

Andrew Boe, sein Anwalt, circa dreißig Jahre alt, Halbasiat mit schulterlangem braunem Haar, wirkt wie ein Student, aber nicht wie ein Strafverteidiger in einem Sensationsprozess.
Es ist Ivans dritter Strafverteidiger in dieser Strafsache, bereits zwei vor ihm, darunter eine Frau, wurden von ihm gefeuert.
Das hohe Gericht erscheint. Nach englischer Sitte trägt der Vorsitzende Richter eine weiße schulterlange Perücke. Als Ivan Milat den Richter in den Saal einziehen sieht, lächelt er erneut.
Noch einmal dreht er sich zu den Reportern, bedauert offensichtlich, dass keine Fotos gemacht werden dürfen. Er stellt sich in Pose, als hätte er eine Regieanweisung erhalten, dass sich ein Bild des Angeklagten mit dem Gericht im Hintergrund gut machen würde. Die Kameraleute wären begeistert gewesen.
Die zwölf Geschworenen, acht Männer und vier Frauen aus den verschiedensten Gesellschaftsschichten, verfolgen aufmerksam den Beginn des Prozesses. Allesamt wurden sie am Vortag vereidigt.
Die Verlesung der Anklage nimmt Ivan Milat teilnahmslos zur Kenntnis. Er macht den Eindruck, die Ausführungen, die über sein weiteres Leben bestimmen würden, langweilen ihn.
Die Stimmung im Saal ist sehr angespannt.

Andrew Boe, Ivan Milats Strafverteidiger, auf dem Weg zum Prozess.

Die Beweise der Staatsanwaltschaft

Emotionslos stellen die Staatsanwälte Mark Tedeschi und Ian Lloyd ihre Zeugen und Beweise dem Gericht vor. Es waren über 200 Zeugen aus der ganzen Welt geladen.
Der Vorsitzende Richter ist David Hunt.

Und das sind die Beweise, mit denen die Staatsanwälte versuchen, ihre Anklage zu untermauern:

1. Milat – er arbeitete als Straßenarbeiter in der Zeit, als die Morde geschahen – war an allen Tattagen nicht bei der Arbeit. Für keinen dieser Tage hatte er ein Alibi, ausgenommen der fadenscheinigen Aussagen seiner Familie.
2. Seine geschiedene Frau Karen, mit der er knapp zwei Jahre verheiratet war, wusste zu berichten, dass Milat sich gerne im Belanglo Forest aufhielt und einige Male auch mit ihr. Sie bestätigte, dass er ein Waffennarr war und gerne auf Tiere schoss. Ein wichtiger Beweis, denn Ivan behauptete immer wieder, er sei nie in diesem Wald gewesen. Weiter berichtet sie, dass Ivan, nachdem sie ihn verlassen hatte und er sie nicht finden konnte, aus Rache die Garage ihrer Eltern anzündete.
3. Herbert Schmidl identifizierte den Schlafsack, das Zelt, die Wasserflasche und das vorgelegte Kochgeschirr seiner Tochter eindeutig. Er war selbst beim Kauf dieser Gegenstände dabei.
4. Der Angestellte eines Sporthauses aus Deutschland, der diese Gegenstände verkauft hatte, wurde wie der Hersteller dieser Artikel zur Vorverhandlung nach Australien eingeflogen. Der Angestellte hatte dabei bezeugt, dass diese Gegenstände nur für Simone Schmidl bestellt worden waren. Der Hersteller dieser Artikel bestätigte zudem, dass diese Campingausrüstung nie nach Australien exportiert wurde.

5. Die Reisebegleiterin von Simone Schmidl, die fast vier Monate mit ihr durch Neuseeland und Australien gereist war und die sie als Letzte gesehen hatte, bezeugte, dass das dem Gericht vorliegende Zelt, der Schlafsack, die Wasserflasche und die Kochtöpfe eindeutig von Simone sind. Sie berichtete, dass sie fast täglich das Zelt mit Simone aufgebaut und mit den Töpfen gekocht habe. Daher würde sie die Dinge zweifelsfrei wiedererkennen. Sie bezeugte auch, dass sie sich sehr gut daran erinnere, wie Simone in ihre Wasserflasche die Buchstaben SIMI einkerbte. Man fand diese Flasche, die Buchstaben waren jedoch überspritzt.
6. Man legte ein Bild von der Freundin Milats vor, auf dem diese mit einem T- Shirt der Marke Benetton zu sehen war. Sie bestätigte, es von Ivan erhalten zu haben, da es ihm zu eng war. Wie sich herausstellte, war es das T-Shirt eines Opfers.
7. Aufgrund der Ermittlungen stand zweifelsfrei fest, dass alle getöteten Menschen, die im Belanglo Forest gefunden wurden, von ein und demselben Täter ermordet wurden. Alle Opfer wurden unter denselben Umständen aufgefunden.
8. Der Bruder des Opfers Deborah Everist aus Australien erkannte ebenfalls zweifelsfrei den Schlafsack wieder, den seine Schwester mit auf die Reise nahm.
9. Der Ballistiker John Ramsden zeigte auf, dass die bei Milat gefundene Waffe auch zweifelsfrei die Tatwaffe sei.
10. Ein ehemaliger Mithäftling Milats aus dem Jahre 1974, Noel Manning, sagte damals bei der Polizei aus, dass Milat die ihm vorgeworfenen Morde ihm gegenüber nicht nur zugegeben hat, sondern sich sogar damit rühmte.
11. Milat hatte bei seiner Verhaftung 50.000 A$ auf seinem Konto, obwohl er zu diesem Zeitpunkt keine feste Arbeit hatte.
12. Das Haus, in dem Ivan festgenommen wurde, hatte einen Wert von 190.000 A$, das ihm zur Hälfte gehörte.

13. Im Hause Milats hatte man ein Seil gefunden, das zweifelsfrei Blutreste eines Opfers aufwies.
14. Der Kronzeuge Paul Onions hatte Ivan Milat wiedererkannt als den Mann, der ihm nach dem Leben trachtete. Paul erkannte auch sein Hemd eindeutig wieder, das er im Wagen Ivans zurücklassen musste und das man in Ivans Haus fand.
15. Ivans Bruder Walter, bei dem das Gewehr gefunden wurde, mit dem einige der Opfer getötet wurden, sagte aus: »Das Gewehr gehört nicht mir, Ivan hat es bei mir aufbewahrt, es gehört ihm.«
16. Auch Ivans Bruder Alex, den die Staatsanwaltschaft ebenfalls gerne auf der Anklagebank gesehen hätte, sagte aus: »Er (Ivan) ist schuldig an all den Dingen, ich habe damit nichts zu tun.«

Die Staatsanwälte lassen keinen Zweifel daran, dass Ivan Milat einen Mittäter und sei es auch nur in Einzelfällen gehabt haben könnte. Ein Staatsanwalt verweist auf den Fall Gabor Neugebauer und beschreibt diesen Mann als äußerst kräftig. Er könne sich sehr gut vorstellen, dass dieser Mann vehement versucht habe, seine Freundin zu retten. Doch man könne eine Mittäterschaft nicht beweisen. Es gäbe auch keine ausreichenden Beweise, um etwa einen der Brüder Milats ebenfalls anzuklagen. Sein vierstündiges Plädoyer endet mit der Charakterisierung des Angeklagten:
»Ich glaube, dass Milat ein sehr kranker Mensch, ein Psychokiller ist, der alle Gesetze der Menschlichkeit missachtet.«
Ivan Milat wurde während seiner zweijährigen Untersuchungshaft von dem Psychiater Dr. Rod Milton auf Anweisung des Gerichts auf seine Schuldfähigkeit untersucht. Für die Verteidigung war der niederschmetterndste Satz in der Aussage des Gutachters: »Ivan Milat ist voll schuldfähig!«
Dr. Milton sagt nun vor Gericht aus, dass sich die Fantasien des Täters weiterentwickelt hätten, vom Vergewaltiger zum

Mörder. Er sei sich sicher, dass Milat genau wusste, was er tat. Immer wieder betont er, dass Ivan Milat nicht als geisteskrank einzustufen wäre. Der Psychiater berichtet ferner, dass er schon während der Ermittlungen zur Polizei immer wieder gesagt habe: »Stürmt das Haus von Ivan Milat, ein Serienkiller wie er will Andenken an seine Taten aufbewahren.« Eine Hypothese, die sich dann ja auch als stichhaltig herausgestellt habe.
Nach der Aussage des Psychiaters wird Ivan Milat gefragt, was er denn zu all den Anschuldigungen zu sagen habe. Seine Antwort: »Gar nichts, die Beweise sind falsch, ich bin unschuldig. Die Polizei hat sie mir offensichtlich untergejubelt, um der Öffentlichkeit einen Täter vorzeigen zu können.«

Der Auftritt des Andrew Boe

Dann ist Milats Anwalt an der Reihe, seine Argumente vorzutragen. Er versucht, zumindest einen Schatten des Zweifels an der Beweislast aufkommen zu lassen. Er will das Gericht davon überzeugen, dass der Täter wohl jemand aus der Familie Milats gewesen sein könne, aber niemals Ivan selbst. Geschickt versucht der Anwalt, dem Prozess eine andere Richtung zu geben. Er behauptet, dass einer der Brüder Ivans der Täter sei und Ivan nur für die Familie geopfert wurde. Er argumentiert, dass die Polizei sich zu sehr auf Ivan Milat konzentriert und dadurch andere Beweise und Verdachtsmomente vernachlässigt hätte. Er kritisiert weiter, dass vor Prozessbeginn bereits ein Foto von Ivan in den Medien zu sehen war und sich die Geschworenen dadurch schon bildlich auf ihn eingestellt hätten. Weiter wirft er der Staatsanwaltschaft vor, dass die vorgelegten DNA-Gutachten stümperhaft ausgewertet worden seien.
Der Verteidiger bezweifelt auch die Aussage des Kronzeugen Paul Onions. Er erwägt, ob Paul in seiner Aufregung Ivan vielleicht mit einem seiner Brüder verwechselt habe. Er erinnert

das Gericht auch an die Aussage Onions, er habe zunächst gedacht, dass dieser Bill, der ihn in seinem Wagen mitgenommen hatte, der berühmte Sportler Merv Hughes sei.
»Meine Damen und Herren Geschworenen, Sie alle kennen unseren berühmten Kricketchamp Merv Hughes?« fragt Boe die Geschworenen, die alle zustimmend nicken.
Er fragt weiter, die Geschworenen nicht aus den Augen lassend: »Bitte machen Sie sich selbst ein Bild davon, ob dieser Angeklagte Ivan Milat, der ja dieser Bill gewesen sein soll, auch nur die geringste Ähnlichkeit mit Hughes hat.«
Der Anwalt erkennt an den Gesichtern der Geschworenen, die fast ausnahmslos ihren Kopf schütteln, welchen Volltreffer er gelandet hat. Wieder sieht er eine große Chance, Ivans Unschuld zu beweisen, denn wenn die Aussage Onions aus den Angeln gehoben würde, dann wäre er seinem Ziel sehr nahe.
So fährt er fort: »Wenn Sie das verneinen müssen, und dessen bin ich mir sicher, kann dieser Angeklagte auch niemals Paul Onions nach dem Leben getrachtet haben. Offensichtlich nimmt es dieser Herr Onions nicht so genau mit seiner Aussage. Er spekuliert vielleicht lieber auf die 500 000 A$ Belohnung als auf die Menschen, die er nach so langer Zeit wiedererkennen will und deren Leben er zerstört. Bitte denken Sie darüber nach.«

Auch die Herren der Staatsanwaltschaft sind geschockt über die Ausführungen der Verteidigung. Sie kennen wie alle im Saal den Sportler, der nun wirklich nicht die geringste Ähnlichkeit mit Milat hat.
Getuschel breitet sich aus unter den Zuhörern und auch bei den Prozessbeteiligten. Boe hat längst Platz genommen, streckt seine Beine aus, überkreuzt die Arme und genießt schweigend seinen Triumph und die Ratlosigkeit des Richters. Sichtlich froh stimmt er einem Antrag der Staatsanwaltschaft auf eine kurze Pause zu.

Die Staatsanwaltschaft verlässt eiligst den Saal, und der Verteidiger blickt ihnen lächelnd und siegessicher hinterher. Ivan Milat will seinem Anwalt offensichtlich gratulieren, doch dieser würdigt ihn keines Blickes. Er hat nur Augen für die Geschworenen und deren Nervosität, und das stimmt ihn freudig.
Im Büro der Staatsanwaltschaft herrscht Aufregung und Ratlosigkeit. Man ist entsetzt über diesen Schachzug des gerissenen Anwalts. Ein Staatsanwalt sieht die Situation völlig neutral: »Wenn Boe mit dieser Argumentation Recht erhält, ist unsere Beweislast gegen den Angeklagten nicht mehr so erdrückend wie noch vor einer halben Stunde, ganz im Gegenteil, wir ständen vor einem Scherbenhaufen.«
Mit fast spöttischen Blicken verfolgt Andrew Boe den Einzug der Staatsanwälte, die eilig auf ihren Platz zurückkehren. Man konnte gespannt sein, wie sie auf diese Attacke reagieren würden.
Richter Hunt eröffnet nach einiger Zeit wieder die Verhandlung und erteilt der Staatsanwaltschaft das Wort: »Hohes Gericht«, beginnt einer der Staatsanwälte und wendet dabei den Blick auf die Geschworenen, »wir alle hier im Raum waren über die Ausführungen der Verteidigung sehr überrascht. Denn – und das muss ich der Verteidigung bestätigen – eine Ähnlichkeit zwischen dem Sportler und Ivan Milat gibt es nicht. Wenn es diese Ähnlichkeit nicht gibt, dann können auch die Aussagen des Zeugen Paul Onions nicht der Wahrheit entsprechen und der Angeklagte nicht mit den Anschuldigungen in Verbindung gebracht werden.«
Er wartet einige Sekunden, dann fährt er fort: »Glauben Sie mir, wir selbst waren geschockt und bekamen plötzlich Zweifel an der Zeugenaussage des Paul Onions, doch – und nun werden Sie geschockt sein, Herr Verteidiger – die Aussage des Zeugen ist völlig richtig. Lassen Sie es mich erklären. Wir alle hier kennen Merv Hughes. Ich habe hier ein Foto von ihm, das ich dem hohen Gericht und der Verteidigung übergeben darf. Der Sportler ist gut getroffen, er ist groß, hat eine sportliche

Statur, dunkles, volles Haar und einen großen markanten Schnurrbart.«
Ungläubig mustert Boe das übergebene Bild und fragt: »Und was wollen Sie damit beweisen?«
»Einer der Detectives, die diesen Fall bearbeiteten, gab mir jedoch noch ein Bild, auch dieses dürfen wir vorlegen. Auf dieser Fotografie ist Ivan Milat zu sehen, und zwar vor seiner Inhaftierung. Wie Sie beim Vergleich der Fotos erkennen können, hatte er fast denselben Bart wie der Sportler. Auch er hatte eine sportliche Figur, nur hat er in seiner Haftzeit erheblich abgenommen. Wissen Sie, was ich glaube? Ivan Milat hat sich den Bart abgenommen, damit ihn die Zeugen nicht mehr erkennen.«
»Ach, Herr Staatsanwalt, das sind doch nur Mutmaßungen, Sie werden doch nicht allen Ernstes einen Zusammenhang zwischen beiden Bildern sehen wollen?«, entgegnet der Verteidiger Andrew Boe.
»Die Herren Geschworenen wünschen eine kurze Pause, um sich die Bilder in Ruhe ansehen zu können«, teilt Richter Hunt mit.
»Herr Verteidiger«, mit diesen Worten beendet der Richter die Pause, »ich glaube, jeder, der die beiden Fotos in Händen hält, erkennt die frappierende Ähnlichkeit der beiden Personen. Ich bin nicht der Meinung, dass wir dafür einen Gutachter brauchen. Oder sollen wir einen bestellen, Herr Verteidiger?«
Ivan Milat nickt mit seinem Kopf und hört verwundert die Antwort seines Rechtsanwalts: »Ich glaube nicht, dass dies notwendig ist, obwohl ich persönlich nicht Ihrer Meinung bin, dass diese beiden Männer sich ähneln.«
Für Ivan Milat bricht eine Welt zusammen, er redet auf seinen Anwalt ein, der seinem Mandanten die beiden Fotos nur wortlos vor die Augen hält.

Doch Boe gibt nicht auf. Immer wieder versucht er nun, dem Gericht glaubhaft zu machen, dass die bei Milat gefundenen

Gegenstände ohne dessen Wissen in sein Haus gelangt seien und dem Angeklagten nicht gehören würden. Ja, er vermute, dass die Polizei die Gegenstände in die Häuser gebracht habe, nur um der Bevölkerung einen Täter präsentieren zu können.

Herbert Schmidl – ein wichtiger Zeuge

Auch Herbert Schmidl war für diesen Tag als Zeuge geladen, und man hatte den Eindruck, dass sich der Verteidiger Andrew Boe auf ihn ganz besonders freute. In einem Nebenraum des alten Justizgebäudes wartete Herbert Schmidl, bis man ihn zu seiner Zeugenaussage aufrufen würde. Nach einigen Stunden des Wartens vernimmt er seinen Namen und wird von einem Gerichtsdiener in den Verhandlungsraum begleitet. Schmidl ist sichtlich nervös, als er den mächtigen Saal betritt. Der Gerichtsdiener führt ihn zu seinem vorgesehenen Platz auf der Zeugenbank.

Langsam und behäbig geht Schmidl durch den Saal, nur wenige Meter von Ivan Milat entfernt. Einige Schritte neben Milat bleibt er stehen und blickt ihn an. Er zwingt sich geradezu, ihm in die Augen zu sehen. Monatelang hat er darüber nachgedacht, wie er in diesem Augenblick reagieren würde. Doch es kam anders, als er es sich erträumt hatte. Ivan Milat mustert Herbert Schmidl und grinst hämisch. Dabei war sich Herbert Schmidl so sicher, dass Ivan Milat seinen Blicken nicht standhalten würde.

Man ruft ihn erneut zur Zeugenbank. Beruhigend versucht der Richter auf den Zeugen einzuwirken. Doch Herbert Schmidl ist der Situation nicht gewachsen. Hilflos blickt er zu den Bänken der Geschworenen, die seinen Blicken auszuweichen versuchen.

Als ihn der Richter nach seinen Personalien befragt, gibt er Auskunft wie ein Roboter. Alle im Gerichtssaal Anwesenden erleben, wie ihn die Gefühle überwältigen. Man merkt, er ist der großen Anspannung dieser Situation nicht mehr gewachsen. Doch Richter Hunt, ein erfahrener Mann, weiß mit solchen Situationen umzugehen. Er will ihm nicht noch einmal zumuten, an Ivan Milat vorbeigehen zu müssen, was zwangsweise geschehen würde, wenn er eine Pause, die angebracht, aber nicht sinnvoll wäre, anordnen würde. Also versucht er, ihn zu beruhigen. Er fragt ihn belanglose Dinge, wie seine Reise nach Australien gewesen wäre und mehr. Dann, nach einigen Minuten, als Schmidl langsam seine Selbstsicherheit zurückgewinnt, gibt er den Zeugen zur Befragung durch den Staatsanwalt frei.

Der Unterschied zwischen Glauben und Wissen

Der Staatsanwalt fragt Schmidl, ob er mit Sicherheit aussagen könne, dass die vor dem Richtertisch ausgebreiteten Gegenstände seiner Tochter gehört haben.
Der Staatsanwalt fragt nochmals: »Zweifelsfrei?«
Herbert Schmidls Antwort: »Ja, ich glaube schon!«
»Sicher?«
Andrew Boe, der Anwalt Milats, kann die Antwort fast nicht mehr abwarten. Längst hat er sich von seinem Platz erhoben und wartet auf sein Startsignal. Er wittert eine Lücke in der Beweisführung der Staatsanwaltschaft. »Herr Schmidl«, beginnt er, »Sie sprechen – einmal vorausgesetzt, dass die Übersetzung des Dolmetschers richtig ist – nicht von Wissen, sondern von Glauben. Wir sind hier aber nicht zusammengekommen, um zu glauben, sondern um mit hundertprozentiger Sicherheit von Ihnen zu erfahren, ob diese Gegenstände im Besitz Ihrer Tochter waren oder nicht.«
Anwalt Boe will schon die nächste Frage stellen, den Zeugen verunsichern, doch der Dolmetscher lässt sich Zeit. Herbert Schmidl lauscht gespannt auf die Übersetzung der Fragen des Anwaltes. Dabei sieht er nicht zu dem Dolmetscher, sondern sucht den Blickkontakt zum Fragesteller, der in unmittelbarer

Nähe von Ivan Milat steht. Jeder im Saal kann erkennen, dass seine Nervosität nachlässt. Plötzlich wirkt der Zeuge gefasst. Verblüfft nimmt Andrew Boe die Antwort Schmidls zur Kenntnis: »Wie darf ich das verstehen, Herr Rechtsanwalt? Ich habe Ihnen geantwortet, dass ich glaube, dass diese Gegenstände im Besitz meiner Tochter waren. Natürlich wurden diese Gegenstände nicht nur einmal hergestellt. Doch nach Auskunft des Herstellers wurden sie nie nach Australien exportiert.«
»Das heißt, Sie können nicht mit absoluter Sicherheit bezeugen, dass dieses Zelt, das vor dem Richtertisch aufgebaut wurde, auch wirklich Ihrer Tochter gehörte.«
»Ich kann nur bezeugen, dass ich meiner Tochter vor ihrer Abreise dieses Zelt gekauft habe.«
»Tausende deutsche Touristen kommen alljährlich in dieses Land, es könnte doch sein, dass dieses Zelt einer anderen Person gehörte als Ihrer Tochter.«
»Nein, das glaube ich nicht, denn die Freundin von Simone, die über Monate in diesem Zelt schlief, hat es zweifelsfrei wiedererkannt. Wenn man einen Gegenstand über so lange Zeit fast ständig benutzt, stellen sich Mängel ein, und solche Mängel hat Frau Müller an diesem Zelt festgestellt.«
»Also darf ich festhalten, dass Sie das Zelt nicht zweifelsfrei wiedererkennen, sondern nur ›glauben‹, dass es sich herbei um das von Ihnen gekaufte handelt?«
Herbert Schmidl lässt sich Zeit mit seiner Antwort auf diese Frage. Längst hat er die Raffinesse der Fragestellung erkannt. Plötzlich zieht er eine Schachtel Zigaretten aus seiner Jackentasche und wirft sie dem Verteidiger vor die Füße.
»Glauben oder wissen Sie jetzt, ob eine Schachtel Marlboro vor Ihnen liegt? Sehen Sie, so ergeht es mir mit Ihren Fragen?«
Ohne die Antwort abzuwarten, fährt Herbert Schmidl fort: »Meine Tochter kam in dieses Land mit genau diesem Zelt. Einem Produkt, das es in Australien nicht zu kaufen gibt. Dieses Zelt wurde bei Ihrem Mandanten gefunden. Meine Tochter wurde in diesem Lande getötet, nie fand man ein Zelt bei ihr.

Man fand ihren Körper, tot in einem Wald. Können Sie mir sagen, wo sonst ihr Zelt sein sollte, wenn es nicht das ist, was vor uns liegt?«
Andrew Boe stellt keine Fragen mehr. Instinktiv spürt er, dass er sich in Herbert Schmidl geirrt hat. Dieser Zeuge ist kein Jurist, und doch versteht er es, durch seine menschliche Art das Gericht und die Geschworenen davon zu überzeugen, dass seine Antworten der Wahrheit entsprechen und ehrlich sind.
Herbert Schmidl wird aus dem Zeugenstand entlassen. Noch einmal geht er vorbei an der Bank des Angeklagten, wieder sieht er in die eiskalten Augen Ivan Milats.
Heute erinnert sich Herbert Schmidl an diesen Augenblick: »Ich stand etwa drei Meter neben diesem Mann und wusste nicht, was ich tun sollte. Ich hatte mir vorgenommen, ihn anzuspucken, doch er grinste mich nur spöttisch an. Ich zeigte ihm meine Faust, und ich glaube heute, er hat darüber gelacht. Er wirkte gefasst und ruhig, geradezu lässig. Er hat mich verhöhnt, und ich habe mich nicht getraut, ihm im Gerichtsaal meine Fäuste ins Gesicht zu schlagen. Heute bereue ich dies sehr.«

Die Zeugen der Verteidigung

Dann werden die Zeugen der Verteidigung gehört. Zuerst die Brüder Ivans, die sich darum bemühen, Milat für die Tattage Alibis zu verschaffen. Doch es gelingt ihnen nicht. Ihre Aussagen werden allesamt widerlegt. Doch Andrew Boe gibt nicht auf. Er hat noch einen Trumpf in der Hand. Die Prozessbeobachter halten den Atem an. Caroline Milat, die Schwägerin Milats, die mit seinem Bruder Bill verheiratet ist, wird in den Zeugenstand gerufen. Caroline berichtet, dass sie zusammen mit ihrem Mann und Ivan viele Campingausflüge gemacht habe und dass diese Reisen sehr harmonisch verlaufen seien. Nie habe sie Ivan mit einer Waffe gesehen. Unter Tränen berichtet sie, wie undenkbar es für sie wäre, sich Ivan als Mörder vorzustellen. Sie deutet an, dass sie einen eindeutigen Beweis dafür habe, dass Ivan unschuldig sei. Die von der Staatsanwaltschaft vorgelegten Beweise dagegen seien Ivan einfach untergeschoben worden.

Milats Verteidiger verweist auf den Prozess gegen J. E. Simpson. Simpson sei durch die Medien vorverurteilt worden. Auch in diesem Prozess seien die Geschworenen durch einschlägige Medienberichte von vornherein zu sehr von der Schuld Milats überzeugt worden. Weiter wirft der Rechtsanwalt der Staatsanwaltschaft vor, mit der Presse konspiriert und diese gegen die Verteidigung eingeschworen zu haben.

Dann sind die Augen aller wieder auf Caroline Milat gerichtet. Frau Milat fordert vom Gericht ein beschlagnahmtes Fotoalbum, und man gibt es ihr. Sie schlägt es auf und deutet auf ein Foto, das sie und Milat zeigt. »Dieses Foto«, so sagt sie, »wurde am 29.3.1992 aufgenommen. Das Datum steht auf diesem Bild. Das ist der Tag, an dem Ivan Milat angeblich eines der Opfer vom Belanglo Forest ermordet haben soll.«

Und tatsächlich war dieses Datum auf der Vorderseite des Bildes zu lesen. Also musste Ivan an diesem Tag im Hause der Schwägerin gewesen sein und nicht im Belanglo Forest. Auch dem Gericht wird dieses Foto vorgelegt, und die Stirn des Vorsitzenden legt sich augenblicklich in Falten. Doch ein Blick zu der Staatsanwaltschaft beruhigt ihn.

Einer der beiden Staatsanwälte springt förmlich auf und spricht zu der Zeugin: »Frau Zeugin, es ist richtig, dass dieses Datum auf der Vorderseite des Bildes steht und Ivan Milat dadurch nicht der Mörder eines der Opfer sein kann. Doch wir waren nicht untätig und haben das Bild durch unsere Experten untersuchen lassen. Frau Milat, Sie haben die Jahreszahl auf der Vorderseite des Bildes abgekratzt und nachträglich mit der Zahl 92 versehen.«

Wutschnaubend wirft Caroline Milat dem Staatsanwalt eine Unterstellung vor.

»Das ist nicht richtig. Ich habe das Bild nicht manipuliert. Das

angegebene Datum ist der Tag, an dem das Foto gemacht wurde.«
»Frau Zeugin, nehmen Sie das Foto doch einmal aus dem Album.«
Umständlich nestelt sie das Bild heraus. Da ergreift der Staatsanwalt das Wort: »Frau Zeugin, sind Sie sicher, dass das angegebene Datum nicht von Ihnen geändert wurde?«
»Ganz sicher!«, ist ihre feste Antwort.
»Dann drehen Sie das Bild doch einmal um.«
Sie folgt der Aufforderung des Staatsanwalts und dreht das Bild um. Erschrocken fährt die Frau zusammen.

»Wollen Sie noch immer behaupten, das Datum wurde von Ihnen nicht nachträglich geändert, Frau Zeugin?«
Doch er erhält keine Antwort. Verlegen schaut die Zeugin zu Boden, als der Staatsanwalt versucht, dem Gericht zu erklären: »Hohes Gericht, es ist richtig, dass dieses Datum auf der Vorderseite des Bildes steht. Auch wir haben uns darüber sehr gewundert. Doch als wir die Rückseite betrachteten, mussten wir lachen. Ivan Milat selbst hat auf die Rückseite des Bildes das richtige Datum geschrieben, nämlich 1991. So waren die Untersuchungen der Experten nur noch eine Formsache.«
Als man die Zeugin befragt, ob das, was der Staatsanwalt ausführte, richtig sei, bestätigt sie, die Jahreszahl verändert zu haben. Wieder einmal platzt ein Alibi Ivan Milats.

Auch in den nächsten Prozesstagen wird nichts be-

Caroline, die Frau von Ivans Bruder William Milat.

kannt, was Milat entscheidend entlasten könnte. Eine Woche vor Prozessende steht Milat plötzlich auf und fragt das Gericht: »Was soll das hier überhaupt? Ich habe mit all den Anschuldigungen nichts zu tun. Ich bin unschuldig. Alle Beweise, die die Polizei in meinem Hause gefunden hat, gehören mir nicht. Sie sind mir untergeschoben worden, wahrscheinlich durch die Polizei.«

An dem Prozesstag darauf bekommt ein Geschworener während der Verhandlung einen anonymen Anruf, den er dem Richter bekanntgibt: »Wenn sie Milat für schuldig befinden, dann geben Sie gut Acht auf sich.«

Das Gericht bewertet diesen Anruf als ernst zu nehmende Drohung. Daraufhin wird der Geschworene von der Anwesenheit bei Gericht befreit. Für das Gericht stellt sich nun die Frage, ob der Prozess mit einem neuen Geschworenen neu verhandelt werden muss. Der Anwalt Milats besteht darauf, einen neuen Geschworenen zu berufen und die Verhandlungen noch einmal neu zu terminieren. Das Gericht lehnt diesen Antrag jedoch mit der Begründung ab, dass dies zu kostenintensiv sei und dass der Prozess auch mit nur elf Geschworenen fortgesetzt werden könne.

Das Gericht setzt die Verhandlung nach kurzer Pause mit der Vernehmung der Gutachter fort.

Als der Pathologe der Gerichtsmedizin gehört werden soll, ordnet der Richter an: »Nicht alle Verletzungen der Opfer dürfen genannt werden, um die Angehörigen nicht zu sehr zu schockieren. Das Benehmen des Tatverdächtigen ist schon schlimm genug. Der Verdächtige legt eine kaum zu ertragende Gleichgültigkeit gegenüber den Leiden der Angehörigen an den Tag. Das ist fast schon eine Missachtung der Menschlichkeit.«

»Eine sehr weise Entscheidung«, wie der Gerichtsmediziner später feststellte.

Nachdem auch das Gutachten des Gerichtsmediziners gehört worden ist, sagt der Vorsitzende Richter zu Ivan Milat: »Herr

Milat, Sie haben nun die Möglichkeit, sich noch einmal zu verteidigen. Sie haben das letzte Wort.«
Ivan Milat steht langsam auf und antwortet dem Richter: »Es gibt nichts zu verteidigen. Ich bin unschuldig und habe mit dieser ganzen Geschichte nichts zu tun.«
Trotzig wie ein ungezogener Junge nimmt er wieder auf seiner Bank Platz.
Noch einmal fragt ihn der Richter: »Haben Sie sonst nichts mehr zu sagen?«
Milat fast trotzig: »Nein, es gibt nichts mehr zu sagen.«
Das hohe Gericht schließt die Hauptverhandlung, und die Geschworenen ziehen sich zur Beratung zurück.

Das Urteil

Am 27. Juli 1996 verkünden die Geschworenen nach 12 Wochen Prozessdauer ihr Urteil: »Ivan Milat ist schuldig zu sprechen für alle sieben Morde und für die versuchte Entführung Paul Onions.«
Fast wäre das Urteil, das der Vorsitzende Richter sprach, untergegangen im Jubel der Zuschauer. Doch es ist still, als Richter David Hunt die Verurteilung Milats bekanntgibt: »Lebenslange Haft.«
Die Angehörigen der Opfer umarmen sich. Viele der Zuschauer applaudieren, die Angehörigen verlassen fast alle mit Tränen in den Augen den Gerichtssaal.
Ivan Milat blickt ungerührt in die Menge, bevor er von zwei Polizeibeamten abgeführt wird.

Reaktionen

Die Stunde der Fernsehreporter ist angebrochen. Die Straße vor dem Gerichtsgebäude muss gesperrt werden. Kamerateams aus der ganzen Welt waren angereist, um über das Urteil und die Reaktion der Prozessbeteiligten zu berichten.

Man interviewt die Angehörigen Milats und die Angehörigen der Opfer. Als man William Milat fragt, ob er denn glaube, dass sein Bruder Ivan diese Taten begangen habe, sagt er: »Wir sind keine brutale Familie.«
Als ein Journalist nachfragt, ob er denn, wie von vielen angenommen, bei den Taten dabei gewesen sei, rastet er aus. Vor laufender Kamera tritt und prügelt er auf den Reporter ein, schlägt ihn mit seinen Fäusten zu Boden. Den am Boden liegenden wehrlosen Mann traktiert er mit den Füßen, bis die umstehenden Kollegen eingreifen können.
Der Vater von Caroline Clarke wird nach der Verhandlung gefragt, was er denn aus seiner Sicht zu dem Urteil sagen könne. Er wirkt sehr gefasst, als er antwortet: »Wir werden Ivan Milat nicht die Genugtuung geben, auch unser Leben zu zerstören. Wir haben noch andere Kinder, und auch für diese haben wir Verantwortung zu tragen.« Dann fügt er hinzu: »Ich habe mir nicht vorstellen können, dass ein solch unscheinbarer Mann so viel Elend verbreiten kann.«
Die Mutter von Deborah Everist ist emotional sehr aufgewühlt und weint, als sie sagt: »Dieser Mann hat keine Seele, kein Gewissen. Er ist aber auch kein Tier. Er ist einfach nur böse. Ich wollte schreien, ich wollte weinen: Du hast uns etwas genommen, das du uns nie mehr zurückgeben kannst. Wahrscheinlich habe ich zum ersten Mal in meinem Leben das Böse gesehen... Es ist meine Schuld, ich habe sie gehen lassen. Aber wie soll man eine Neunzehnjährige aufhalten?«
Weiter fügt sie hinzu: »Es wurden mehr Leben zerstört als die der Kinder.«
Die Mutter von Joanne Walters sagt: »Wer das den Mädchen angetan hat, der sollte erschossen werden.«

Paul Onions erhielt vom Gericht in Neussüdwales die von der Regierung ausgesetzte Belohnung in Höhe von 500.000 A$ zugesprochen. Das Gericht und die Staatsanwaltschaft sahen es als erwiesen an, dass durch seine Aussagen die Aufklärung der

Mordfälle letztendlich erst möglich gemacht wurde. Als man Paul Onions davon unterrichtete, lehnte er das Geld zunächst ab. Nach eingehender Beratung nahm er den ausgelobten Betrag jedoch an.
Den verblüfften Reportern und Behörden gab er daraufhin in einer Presseerklärung die Gründe bekannt: »Ich habe das viele Geld nun doch angenommen, da ich es den Angehörigen der Opfer und der registrierten wohltätigen Vereinigung ›The New South Wales Homicide Victims Support Unit‹ zukommen lassen möchte.«
Beeindruckt nahmen die Beteiligten die weitere Aussage Onions zur Kenntnis: »Ich brauche das Geld nicht und will es auch nicht haben, da ich mich moralisch dazu verpflichtet fühle, den Angehörigen der Opfer zu helfen. Es ist dazu gedacht, den angehörigen Familien die Überseereisen und die Unterkunftskosten zu finanzieren. Weiter soll durch die Organisation allen Menschen in Australien geholfen werden, denen das gleiche Schicksal widerfährt wie im Falle Ivan Milat.«
Herbert Schmidl hat von diesem Geld nichts erhalten.

Ein Jahr später

Bald wären sie in Vergessenheit geraten, die Verbrechen des Schlächters vom Belanglo Forest, wenn nicht ein Zeitungsartikel im »Sun-Herald« vom 20. Juli 1997 die Bewohner des Kontinentes aus ihrer Ruhe gerissen hätte. Eine Rechtshilfeorganisation will Neues im Fall Milat herausgefunden haben.

»Backpacker-Morde: Polizistenselbstmord weist Verbindungen auf« steht da in riesigen Lettern. Aus dem Artikel geht hervor, dass sich die Organisation »Justice Action« für ein Wiederaufnahmeverfahren im Fall Ivan Milat einsetzt. Die Organisation, die früher bereits erfolgreich die Freilassung des zu Unrecht als Hilton-Bombenattentäter verurteilten Tim Anderson erstritten hatte, hat eine Gruppe gebildet, die sich »Firm« (Freunde des Ivan Milat) nennt.

»Firm« setzt sich zusammen aus freiwilligen Akademikern, Juristen, ehemaligen Häftlingen und Sozialarbeitern. Ihr Leiter ist Ian Mac Dougall, der fast acht Monate lang gemeinsam in einer Zelle mit Milat im Long-Bay-Untersuchungsgefängnis saß. Die Gruppe behauptet, dass Milat beim staatlichen Prozesshilfeverfahren unfair behandelt worden ist und dass ferner neue, noch unbekannte Beweise aufgetaucht seien, die den Fall in einem neuen Licht erscheinen ließen. Die Gruppe beabsichtigt, auf Protestversammlungen sowie über Zeitung und Internet für ihr Anliegen zu werben.

Ist ein Polizist in die Belanglo-Morde verwickelt?

Die »Firm« hat Videobänder hergestellt mit Interviews von Angehörigen und Freunden der Familie Milat und einer überraschend von außen kommenden Zeugin, der Friseurin Debbie Francis, die in Yamba an der fernen Nordküste einen Frisiersalon besitzt. Auf einer Kopie, die dem »Sun-Herald« zur Verfügung gestellt worden ist, erzählt sie, dass sie einst mit dem Polizeiwachtmeister Adam Brook verlobt war und dass Brook in Corrimal stationiert war, ganz in der Nähe des Belanglo State Forest. Frau Francis gibt an, von zwei Angehörigen der Spezialeinheit »Task Force Air« – so nannte sich die Einheit, die die Backpacker-Mordfälle untersuchte – erfahren zu haben, dass ihr Verlobter ein Verdächtiger bei den Belanglo-Morden gewesen sei.

Frau Francis betont, sie habe erst davon gehört, nachdem der 24-jährige Brook am 28. Februar 1993 in der Polizeistation von Corrimal mit seiner Dienstpistole erschossen aufgefunden wurde.

Frau Francis, die seit einigen Jahren mit einem Mann aus Yamba verheiratet ist, übergab der »Firm« eine schwarze Männerlederjacke und eine goldene Damenarmbanduhr, beides Geschenke, die sie nach eigener Aussage von ihrem ehemaligen Verlobten erhalten hatte.

Die »Firm« besitzt die Abschrift einer Liste der »Task Force Air«, in der die Gegenstände, die die ermordeten Touristen bei sich führten, zusammengestellt sind. In dieser Liste ist eine Lederjacke aufgeführt, die einem der sechs Belanglo-Opfer gehörte, dem deutschen Touristen Gabor Neugebauer. Die Lederjacke wurde nie gefunden.

Frau Francis sprach es auf Band – und bestätigte dies auch dem »Sun Herald« – dass sie zweimal die Beamten der Sonderkommission angerufen und ihnen mitgeteilt habe, sie habe eine Jacke, die der entspricht, die sie suchen würden. Aber ihren Anrufen sei nicht weiter nachgegangen worden.

Einige Tage nach Erscheinen der Zeitungsmeldung wird von einem amtlichen Polizeisprecher bestätigt, dass Polizeiwachtmeister Brook für kurze Zeit nach seinem Tode ein Belanglo-Verdächtiger war. Doch Brook sei lediglich einer unter einer sehr großen Zahl von untersuchten Personen gewesen.

Auch Brooks Vater, Inspector Dick Brook – zur Zeit der Belanglo-Ermittlungen Kommandeur der Streifenpolizei im Raum

Corrimal – gibt zu, dass der Tod seines Sohnes durch die »Task Force Air« untersucht worden sei. Er meint, es wäre eine selbstverständliche Sache, nachzuprüfen, ob der Selbstmord eines ortsansässigen Polizeibeamten in irgendeinem Zusammenhang mit laufenden Ermittlungen stehe.
Inspector Brook sagt ferner, er bedauere sehr, dass die frühere Verlobte seines verstorbenen Sohnes weiterhin Gerüchte über dessen angebliche Rolle als Verdächtiger bei den Belanglo-Mordfällen in die Welt setze: »Als wir davon hörten, dass dies nun alles ans Licht der Öffentlichkeit gebracht werden soll, hat das meine Frau und mich sehr betroffen gemacht. Wir haben nichts zu verbergen und sind immer noch sehr bestürzt über die Umstände seines Todes. Wir vermuten jedoch, dass unser Sohn an gebrochenem Herzen starb, da Debbie im Begriff war, ihre Beziehung zu ihm abzubrechen. Nun sehen wir uns der ungeheuerlichen Behauptung ausgesetzt, dass er in die Belanglo-Morde verstrickt gewesen wäre.«
Brook wehrt sich auch gegen eine Aussage auf dem Video von Frau Francis, wonach sein Sohn schon einmal in seiner Jugendzeit verdächtigt worden sein soll, in einen Mordfall verwickelt zu sein. Laut Debbie Francis sei er bei der Suche nach einem Verbrecher, der als der »Frauenschänder« bekannt war, aufgefordert worden, eine DNA-Probe abzugeben.
»Er war damals erst siebzehn oder achtzehn Jahre alt«, gibt Inspector Brook zu bedenken. »Jeder Jugendliche in dieser Gegend wurde verdächtigt. Der, den man schließlich verurteilte, lebte nur zweihundert Meter von unserem Haus entfernt.«
Inspector Brook merkt an, er hätte größtes Vertrauen in die Beamten der »Task Force Air« und sei sicher, dass sie alle erdenklichen Gesichtspunkte der Belanglo-Morde untersucht hätten.
»Hätte zum Beispiel die Lederjacke, die Frau Francis erwähnt, in irgendeiner Verbindung zu dem Fall gestanden, wäre das gründlich nachgeprüft worden«, behauptet er.

Frau Francis versichert dem »Sun-Herald« gegenüber, sie wäre bereit, ihre Geschichte unter Eid zu wiederholen.
»Ich möchte lediglich die Wahrheit ans Tageslicht bringen«, erklärt sie. »Ich stecke mit niemandem unter einer Decke.«
Sie bestätigt, sie hätte erst dann Verbindung zu »Justice Action« und »Firm« aufgenommen, nachdem sie vergeblich versucht hatte, von der Polizei eine Reaktion zu bekommen.

»Firm« kämpft für Milat

Ian Mac Dougall, der Leiter von »Firm«, erklärt vor der Presse, dass er sich zu jener Zeit, als er zusammen mit Milat in einer Zelle im Long-Bay-Gefängnis saß, in Untersuchungshaft befand und des Haschischbesitzes angeklagt war. Er sagt: »Es stinkt zum Himmel, wie damals verhindert wurde, dass Milat seine ihm zustehende Prozesskostenhilfe bekam. Leute außerhalb des Gefängnisses werden sich darüber nicht sonderlich empören, aber aus der Sicht der Mithäftlinge ist er ein Opfer des Systems. Einige der Häftlinge haben deshalb von der Gefängnisverwaltung entgegengenommene Erklärungen unterzeichnet, dass er auch im Gefängnis stets seine Unschuld beteuert habe.«
Mac Dougall berichtet weiter, er sei es gewesen, der Milat damals geraten habe, seinen Rechtsanwalt Johannes Marsden noch während des Ermittlungsverfahrens im Amtsgericht Campbelltown zu entlassen. Er habe ihn auch mit seinem jetzigen Anwalt Andrew Boe bekannt gemacht.
Dann erläutert Mac Dougall das Ziel von »Firm«: »Unser vorrangiges Ziel ist es, für Herrn Milat eine angemessene Prozesskostenfinanzierung durchzusetzen, damit er in Berufung gehen kann. Ferner wollen wir erreichen, dass alle Mittel für eine sorgfältige Untersuchung von weiterem Beweismaterial bereitgestellt werden.«
Am Ende seines Statements stellt Mac Dougall fest: »Die Staatsanwaltschaft hat bis jetzt 20 Millionen A$ für diesen

Fall ausgegeben, aber es bedurfte lediglich unserer kleinen Gruppe Freiwilliger, um Material heranzuschaffen, das den Fall in einem völlig neuen Licht erscheinen lässt. Wir vermuten, dass es noch mehr Spuren gibt, als bisher offiziell zugegeben wurde. Wir sagen nicht, dass Ivan Milat unschuldig ist, aber es besteht offenbar dringend weiterer Ermittlungsbedarf.«

Milats in Brisbane ansässiger Rechtsanwalt Andrew Boe hat der Familie mittlerweile sein Wort gegeben, dass er seinen Klienten nicht im Stich lassen werde, selbst wenn keine Prozesskostenhilfe gewährt werde. Er versichert, er werde Ivan Milat unter allen Umständen bei der Berufungsverhandlung vertreten.

Walters Schwester Shirley und die Brüder Richard, William, David und Alexander kündigen an, sich freiwillig unabhängigen Lügendetektortests unterziehen zu wollen, um damit jegliche persönliche Kenntnis von den Belanglo-Morden von sich zu weisen.

Walter Milat erklärt darüber hinaus gegenüber dem »Sun-Herald«, niemand aus seiner Familie hätte jemals Debbie Francis getroffen. Er sagt: »Wir hatten keine Ahnung von ihrer Existenz, bis uns das von ihr aufgenommene Videoband gezeigt wurde. Was sie zu sagen hat, ist schwer zu glauben, sogar für uns in der Familie. Wie die Öffentlichkeit reagieren wird, wenn sie das Video sieht, ist kaum vorherzusagen.«

Ivan Milats Schwester Shirley und seine Verlobte, Chailinder Hughes, haben sich sowohl mit Tim Anderson als auch mit den »Justice Action«-Aktivisten Brett Collins und Brian Henry Raven getroffen. Tim Anderson war vor einigen Jahren zu Unrecht wegen des Bombenattentats auf das Hilton Hotel verurteilt worden. »Justice Action« hatte damals in einem Aufsehen erregenden Wiederaufnahmeverfahren seine Freilassung erreicht.

Anlässlich eines kürzlich stattgefundenen Forums der »Justice Action« im Parlamentsgebäude von Neusüdwales wurden Vertreter der Familie mit dem früheren Mitglied des Parlaments, Johann Hatton, bekanntgemacht. Hatton war es zu verdanken, dass kürzlich die »Royal Police Commission« gegründet wurde, eine Kommission, die eigens die Aufgabe hat, Korruptionsfälle in der Polizei von Neusüdwales aufzuklären.

Die Berufungsverhandlung

Es ist Donnerstag, der 26. Februar 1998. Nur wenige Monate nach der Pressemitteilung von Ian Mac Dougall, dem Leiter von »Firm«, tritt das höchste Gericht von Neusüdwales zur Berufungsverhandlung in den ehrwürdigen Räumen des Gerichts zusammen, um über Milat erneut Recht zu sprechen.
Der Angeklagte Ivan Milat und sein Verteidiger berufen sich gegen seine Verurteilung und tragen zu seiner Verteidigung vor:
Die Zeugenaussage des Herrn Onions, die er bei dem Prozess abgegeben hat, ist unzuverlässig.
Der den Prozess führende Richter hat es unterlassen, den Geschworenen die Argumente der Verteidigung glaubwürdig darzulegen. Stattdessen hat er ausschließlich Bemerkungen gemacht, um diese Argumente zu untergraben.
Andrew Boe, der Anwalt Milats, behauptet weiter, im damaligen Prozess seien »aufhetzerische« Beweise vorgestellt worden, die der Richter nicht habe zulassen dürfen. Zudem habe die öffentliche Aufmerksamkeit vor und während des Prozesses dazu geführt, dass der Richter voreingenommen gewesen sei. Auf diese Weise sei es zu einem Fehlurteil der Justiz gekommen.

Das Urteil

Nach eingehender Beratung verkündet der höchste Richter mit den Beisitzern, Richtern Roderick Meagher und Peter Newman, am 26. Februar 1998 das Urteil:

»Die Berufung Ivan Milats wird einstimmig zurückgewiesen, da das Gericht davon überzeugt ist, dass Ivan Milat, nun 53 Jahre alt, eine gerechte Verhandlung erfahren hat und dass die Justiz kein Fehlurteil gefällt hat. Wir sind der Meinung, dass der des Mordes beschuldigte Ivan Milat, trotz der intensiven Vorberichterstattung in den Medien, ein faires Urteil erhalten hat.«

Dann geht der Vorsitzende Richter noch einmal auf die Taten Milats ein:

»Milat wurde 1996 zu lebenslanger Haft für die Morde an sieben Rucksacktouristen verurteilt. Zurecht, da Milats Opfer zwischen Dezember 1989 und April 1992 mit einem bedeutend höheren Aufwand an Gewalt angegriffen wurden, als zur Verursachung des Todes der Opfer erforderlich gewesen wäre, und es dem Täter offensichtlich in irgendeiner Form Vergnügen bereitete. Zweien der Opfer war mehrfach in den Kopf geschossen worden, ein Opfer wurde geköpft. Drei andere wiesen Stichwunden auf, die Lähmungen herbeigeführt haben. Zwei Opfer wurden erwürgt. Milat wurde außerdem verurteilt, da er widerrechtlich einen englischen Touristen, Paul Onions, festgehalten und bedroht hat. Es gab einzelne Unstimmigkeiten bei den Zeugenaussagen des Herrn Onions, jedoch kann sein Irren verständlich sein, wenn man an die Umstände denkt, in denen er sich befand. Ansonsten war seine Zeugenaussage zuverlässig.«

Dann versichert der Richter, dass es für Ivan Milat keinerlei Begnadigungsmöglichkeiten geben und er lebenslänglich in Haft bleiben werde.

Ivan Milat war nicht mehr im Gericht anwesend, als die Entscheidung durch den Vorsitzenden Richter verkündet wurde.

Milat im Gefängnis

Seitdem verbüßt Ivan Milat seine Strafe in der Strafanstalt Coulbourne im Norden von Sydney. Die Anstalt gilt als eine der sichersten Australiens. Im Block J des Hochsicherheitstrakts sind die Gefangenen mit dem höchsten Ausbruchsrisiko untergebracht. Zu ihnen gehören der Serienmörder Ivan Milat und der Drogenbaron Lan Saxon. Milat und Saxon führen eine Liste von 31 Gefangenen mit einer extrem hohen Sicherheitseinstufung an.

Über die Einstufung in diese Sicherheitskategorie wird durch ein 25-köpfiges Komitee entschieden, dem Mitglieder der Justizbehörden, Gefängnisdirektoren, Vertreter der Polizei und der örtlichen Gemeinden angehören. Die verschärften Haftbedingungen gelten für Milat seit seinem fehlgeschlagenen Fluchtversuch mit dem Drogenbaron George Sayvas. Sayvas hatte sich danach in seiner Zelle erhängt. Seitdem werden Milats Telefongespräche überwacht, auch seine Post wird geöffnet. Zudem wird er in regelmäßigem Turnus in eine andere Zelle verlegt. Besuche werden nur nach einer Vorabstimmung mit der Gefängnisbehörde genehmigt. Alle Besucher Ivan Milats müssen sich einer Personenüberprüfung unterziehen und sich erkennungsdienstlich fotografieren lassen. Außerdem

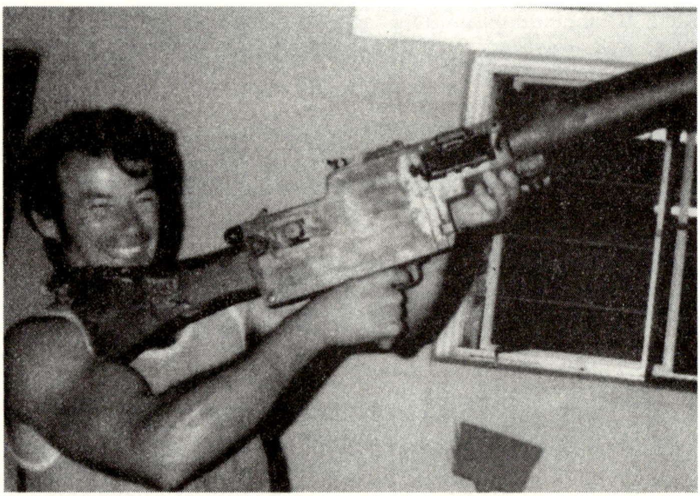

Ivan Milat, der Waffennarr.

werden sie während der gesamten Besuchszeit mittels Videokamera gefilmt.
Milats Tagesablauf beginnt um 8 Uhr vormittags, wenn die Türe seiner Einzelzelle aufgeschlossen und ihm sein Frühstück ausgegeben wird. Noch muss er Stunden warten bis zum Hofgang, den er nicht mit den Mitgefangenen verbringen darf. In einem vergitterten Innenhof zieht er seine einsamen Runden. Bei jedem Wetter. Tag für Tag. 45 Minuten sind schnell vorbei, und eine Trillerpfeife beendet eine kleine – die einzige – Freiheit im Tagesablauf von Ivan Milat.
Milat ist auch vom Mittag- und Abendessen, das den Gefangenen in einem riesigen Speisesaal serviert wird, ausgeschlossen. Nur sehr selten und auch nur für kurze Zeit und unter strengster Bewachung kann Milat zu anderen Gefängnisinsassen in einem größeren Übungshof Kontakt aufnehmen.

In der Monotonie dieses Tagesablaufs und bei dem Gedanken, dass sich darin bis zu seinem Tode nichts ändern wird, bleibt ihm nur die Hoffnung auf ein Wiederaufnahmeverfahren. Er hoffe auf Gerechtigkeit für einen Unschuldigen, beteuert er immer wieder. Mit diesem Wunsch ist er nicht allein, auch seine Familie hält zum Teil noch zu ihm.
Seine Schwester Caroline sagt in einem Interview: »Ich weiß, dass Ivan kein Mörder ist. Er hätte es mir gesagt, und solange er nicht zu mir sagt: ›Ja, ich habe es getan‹, glaube ich ihm, dass er unschuldig ist. Er ist kein böses Monster.«
Es gibt noch eine Frau, die an Milats Unschuldsbeteuerungen glaubt und ihn regelmäßig in der Haftanstalt besucht. Es ist seine Freundin, die seine Verhaftung miterlebte. Noch immer ist sie davon überzeugt, dass Ivan Milat kein Serienmörder ist. Sie sagt: »Ivan war ein so romantischer, liebevoller Mann, ich kann und will mir nicht vorstellen, dass er so etwas Grässliches getan hat. Ich glaube nicht, dass er dazu fähig wäre. Ich besuche ihn häufig, über die Taten sprechen wir nicht.«
Sie schluchzt, als sie weiterspricht: »Sie alle kennen ihn nicht.

Ich lag in seinen Armen und spürte seine Liebe. Keine Sekunde gab er mir das Gefühl, dass ich vor ihm Angst haben müsste. Nein, ich fühlte mich geborgen in den Armen dieses Mannes, der nun ein Massenmörder, der Schlächter vom Belanglo Forest sein soll. Ich kann nicht glauben, dass es eine andere Person in ihm gab als die, die ich kenne. Ich glaube an ihn, egal wie andere Menschen darüber denken. Ich werde auf ihn warten und hoffe, dass sich irgendwann seine Unschuld herausstellt und man ihn freilässt.«

Auf diesem Kontinent Australien gibt es wohl nur wenige Menschen, die daran denken, diesem Ungeheuer ein Wiederaufnahmeverfahren zu ermöglichen. Zu eindeutig sind die Beweise gegen ihn. Viele Juristen des Landes sind sich einig, so viele Beweise für einen Täter wie in diesem Strafverfahren gab es selten. Alle Journalisten, die den Prozess verfolgten, sind sich sicher: Ivan Milat ist der Killer, den eine ganze Nation jahrelang suchte.
Noch immer glaubt eine liebende und verblendete Frau, was nur ihr Herz zu verstehen vermag: »Ich glaube, Ivan ist unschuldig.« Doch sie sagt auch: »Ich fühle mich wie ein heimliches Opfer dieses Falles. Ich wäre lieber tot, als auf diese Weise von allen verhöhnt und verspottet zu werden. Es ist ungerecht, wie die Menschen mich heute hassen, nur weil ich diesen Menschen liebte. Ich bitte Sie, denken Sie einmal darüber nach.«

EPILOG

Ruhig und gelassen wirkt Herbert Schmidl, wenn er in seinem Stammlokal sitzt und die hereinkommenden Menschen beobachtet. Alle hier kennen ihn und haben seine Leidensgeschichte miterlebt, wissen vom Schicksal seiner Tochter, die viele persönlich kannten.

Über drei Jahre lebten die Eltern von Simone in der quälenden Ungewissheit um ihr Kind, um dann zuerst aus dem Radio zu erfahren, dass man Simone und sechs weitere Opfer tot im Belanglo Forest gefunden hat. Jeder, der hier verkehrt, weiß von dem darauf folgenden morgendlichen Anruf der australischen Staatsanwaltschaft, die ihm um drei Uhr morgens mitteilte, dass seine Tochter aufgefunden und ermordet worden sei. Viele haben versucht, mit ihm den Schmerz zu teilen. In der Stille, oft nur mit einem Blick.

Herbert Schmidl erinnert sich noch heute:

»Von der Polizei habe ich nur hinhaltende und abweisende Reaktionen erfahren. Als mir schließlich nach Wochen von den örtlichen Behörden mitgeteilt wurde, dass unter den aufgefundenen Toten auch meine Tochter Simone sei, hatte ich schon zehn Tage zuvor die Urne meiner Tochter auf einem Friedhof zu Grabe getragen.«

Verbittert berichtet Herbert Schmidl weiter:

»Am 3. November 1993 fuhr ich wie jeden Tag mit dem Bus meine tägliche Strecke. An einer Haltestelle stand meine Frau und wartete. Sofort erkannte ich in ihrem Gesicht, jetzt haben sie meine Tochter gefunden. Als ich erfuhr, was sie soeben im Radio gehört hatte – dass sie meine Tochter gefunden hätten – bin ich aus dem Bus ausgestiegen und habe ihn einem Ersatzfahrer übergeben. Meine Vorgesetzten übergingen die Situation, niemand fragte mich, ob ich Urlaub oder Hilfe brauche. Man schwieg, man überging die Angelegenheit.«

»Doch ich habe auch viel Hilfsbereitschaft und Solidarität erfahren«, fährt er fort, »nicht bei unseren Behörden, sondern in

Australien. Die dortigen Fernseh- und Radiostationen strahlten sofort Suchappelle der Eltern aus. Polizisten und Freiwillige verteilten auf den Hauptreiserouten Fotos meiner Tochter. Menschlicher Beistand und Fürsorge werden in Australien groß geschrieben. Nach der Gerichtsverhandlung haben sich der Staatsanwalt und die Polizisten in ihrer Freizeit intensiv um die Angehörigen der Opfer gekümmert. Ich habe gespürt, ich bin nicht allein mit meiner Trauer. Mein besonderer Dank gehört Rita O'Malley, ihrem Mann Peter und Steve Leach, dem Chefermittler, mit denen ich noch heute nach all den Jahren in ständigem Kontakt bin. Frau O'Malley übersetzt alle australischen Nachrichten und Fernsehberichte in die deutsche Sprache und schickt sie mir zu. Ich wurde von ihr und ihrem Mann nach Australien eingeladen und genoss eine überwältigende Gastfreundschaft. Sie hat mir als Dolmetscherin in den Tagen der Gerichtsverhandlung immer zur Seite gestanden. Sie hat unendlich viel Zeit für uns geopfert, nur um uns zu helfen. Wer würde das schon bei uns tun?«

Fast täglich denkt er zurück an den Abschied von seiner Tochter am Regensburger Hauptbahnhof. Daran, wie sie in den Zug steigt, lachend, mit der Unbeschwertheit eines jungen Mädchens, das gewillt ist, die weite Welt alleine zu ergründen.
Er geht verbittert durch die Straßen der Stadt. In der Erinnerung hält er seine Tochter an der Hand. Er sieht noch immer das Gesicht seiner Tochter vor sich. Er sieht junge Mädchen mit der Statur seiner Tochter auf einem Fahrrad, beschleunigt seinen Wagen, um zu sehen, ob es nicht doch seine Tochter ist. Nach fast zehn Jahren will er immer noch nicht glauben, dass das Liebste in seinem Leben nicht zurückkehren wird, dass sich seine Hoffnung, die er nicht aufgeben will, nie erfüllen wird.
Man kann diesem Vater und allen Angehörigen der Opfer nur wünschen, dass ein klein wenig Ruhe einkehrt in ihr Leben. Doch wenn man ihn kennt, weiß man, dies wird nie geschehen.

Herbert Schmidl ist heute ein gebrochener Mann, zerstört durch die grausame Tat eines Mannes, dem er wehrlos gegenüberstand. Er sah seine Bilder in allen Zeitungen, selbstherrlich stets mit Waffen umgeben. Er sieht nicht nur den Mann, er sieht auch die Waffen, die alles Glück zerstörten in seinem Leben.
Ständig ist er auf der Suche nach Erklärungen, die er doch nicht erhalten kann. Er hofft, dass sich der Mörder seiner Tochter nicht durch einen Freitod seiner Verantwortung entzieht. Doch seine Gedanken sind gespalten, vielleicht würde ihm der Tod dieses Menschen gut tun und seine Qualen erleichtern.

Beruhigend die Worte des Vorsitzenden Richters, dass er diesem Manne nicht die Chance einer vorzeitigen Strafentlassung geben würde. Nicht abzusehen, welches Gefahrenpotenzial noch in ihm steckt.
Der Psychologe, der beim Prozess anwesend war, ist überzeugt:
»Hätte man Milat nicht verhaftet, er hätte weiter gemordet. Nie gab er seiner Umgebung Signale, denn bis er wieder mit sich klarkam, sonderte er sich ab. Die Konturen seiner Täterpersönlichkeit zu erkennen, ist ausgesprochen schwer. Denn auch er bewegt sich wie viele Serientäter in der Nähe der Normalität. Psychopathologisch ist er am Ende, denn er hat sich in sich vervollkommnet.«
Kurz und prägnant versucht ihn der Psychologe zu beschreiben: »Ein paranoider Einzelgänger unserer Lebensgemeinschaft Mensch.«

Ivan Milat wird bis zu seinem Tode in Haft bleiben. Vielleicht wird er sich in der Einsamkeit seiner kleinen Zelle an die Menschen erinnern, die durch seine Taten ihr Leben lassen mussten. Auch er wird einmal alt sein, und die Schwermut wird Einzug halten in sein Leben. Keine Pflegerin wird ihn trösten. Kein Mensch wird ihm Beistand leisten in den schweren Stun-

den des Alleinseins. Eines Tages werden auch die ihn vergessen haben, die er vielleicht gedeckt hat. Jene, die möglicherweise mitbeteiligt waren an den Greueltaten, für die er alleine sühnen musste.
Vielleicht wird irgendwann die Zeit kommen, in der er seine Taten bereut und ein Schuldbekenntnis ablegt. Wenn er es denn eines Tages ablegt, mit sich und seiner Seele ins Reine kommen möchte, bleibt ihm nur ein Blick durch ein schmales, vergittertes Fenster.

Die Pflege und der Schutz eines Staates, der diesen Tätern ein menschenwürdiges Leben führen lässt, täuscht. Plötzlich aller Gewohnheiten entzogen, aller Vergnügen, die die Welt da draußen zu bieten hat, ist hart. Doch die Schmerzen, die er den Opfern und dessen Angehörigen zugefügt hat, können durch den Strafvollzug keine ausreichende Sühne finden.

Herbert Schmidl an der Gedenkstätte für die Opfer im Belanglo Forest.

Wie Herbert Schmidl darüber denkt, was mit dem Mörder seiner Tochter geschehen soll, gibt er nur selten preis. So lebt er in dieser Stadt und hofft auf ein Ende dieser schweren Zeit, die es doch nicht geben kann.
Möge sein Gott ihn beschützen, dass die Tage seines Lebens alles überdauern, seinen Schmerz und seine Not, und Ivan Milat nicht auch noch diese Genugtuung widerfahren kann, nicht nur eine junge Frau, sondern auch das Leben eines Vaters zerstört zu haben.

ENDE

Jaques Buval

Nur für Schokolade

Selbst die abstruseste Phantasie kann sich wohl kaum die Greuel ausmalen, die dieser Mann an seinen Opfern verübt hat. Leszek Pekalski war achtzehn, als er seinen ersten Mord beging. Über 80 Morde hat er zugegeben, hat sich für die Geständnisse beschenken lassen mit Schokolade und Pornoheften, und er hat sie widerrufen. Experten sind sich sicher, vollständig wird die Wahrheit über diesen Mann nie ans Licht kommen. In seinem Buch, das das erbärmliche Leben des mutmaßlich größten Massenmörders unserer Zeit nachzeichnet, geht der Autor auch der schwierigen Frage nach: Wie soll man mit einem Menschen umgehen, für den das Töten – wie Psychologen einschätzen – eine »normale Kontaktaufnahme« zu seiner Umwelt geworden ist?
Der bayerische Autor Jaques Buval, Jahrgang 1942, hat mit Leszek Pekalski sowie mit überlebenden Opfern bzw. Hinterbliebenen ausführliche Gespräche geführt und so das Unerklärbare zu ergründen versucht.

Weltbild Buchverlag

288 Seiten, ISBN 3-360-00851-0, Best.-Nr. 481465